# Espagnol mots cachés

## Mots cachés bilingues français-espagnol

# Contenu




Publié en 2024 par Dialog Abroad Books





0921 002

2 4 6 8 10 9 7 5 3

ISBN 9783985522705

# MOTS CACHÉS

Trouve les traductions espagnoles des mots listés en français.

Les mots peuvent être cachés horizontalement, verticalement ou en diagonale, dans les deux sens.

Lorsque tu trouves un mot espagnol, entoure les lettres pour le mettre en évidence.

Par exemple: **UN, DEUX, TROIS**

Les solutions se trouvent à la fin de l'ouvrage.

Amuse-toi bien et pratiquez votre vocabulaire espagnol !

1

```
Q K W S A A W D R E Q T W Z S Y D F B V
Q R K U F Z V U A Q H L M D N X E P V Y
L M L O B L Y N D U E X M P G X R Y T C
O F L A E R Y E U I Z K K N X E E M N O
W R H Q Y R B W Y V Z A N M W K C T Q I
L A E S C U E L A O A F S Q P M H N A T
U J A N X R L P P C O M H B Q O O F C C
F A E M I R F A R A X K R Q J L X K K X
R W L L N M S N E D T R I A Q Q I U D S
C A U N X O L A J O S O D F L C Z A Q V
L P X R U R T T K V V N E P P A D R O S
X L D R C E P N Y D O P E O F I A Q T Y
P J Y B G M R E X H E K L T N E P L C L
G J W D W I D V I M F X H U N I R F E E
U H R U U R Q A V M A U M O L P E K F T
O J D M K P G L M B I O Z T X N N L R S
Y G A V T Z B I F Z C O S U L C N I E A
M C N O P T X F M A V L U E J M Y A P P
K G C Z Z F Y A L S U S R E V E M Q M L
Y F O O I R O T I R C S E L E W M P I E
```

LA COMMUNAUTÉ
RÉEL
IMPARFAIT
L'ALARME
CONTRE
DROIT
AIDER

LA FENÊTRE
MÊME
LE BUREAU
LE GÂTEAU
FAUX
D'ABORD
L'ÉCOLE

# 2

```
R S I J X D Y T U P K S L L A F D X G V
D J C H A N A R B M O S A L E D C N G B
M I Y O N O Z U B L E J S L N H R M Z P
U B T Y S O J V G D Y Y T N V O A I E Y
T I G O D A T L U S E R L E U F K Y R U
K S E J W A M B I P R R J J U K T A Q S
B M L T U A Z H J R Z O G K Q A R A E R
G A T M N E L I D A Y Z V Z P T J N X C
V T E X O E G W K C T M E I N B R C T P
X A C H N T C O W T G N H O V A Y M A F
R R L L X W B C M I R L C A C C B T U H
K U A Z A R T N O C Q N S A Z X R B F Y
E L D V D C B M A A E J L N X K Q E M M
G T O L C P O B G R D P U S A C L A B P
G Z R G O L K L F K S K L W H P E O A K
Q Y R T N L L D A V A A T B O I I G G L
H F K W F K X E E W E A M D Z I W I I C
A P B X I R P W G C G I E Z J U W G L W
K N S V A W R P L A N R L U M D P T O B
C S G V R U T Y A L R J K X E J T Z T G
```

| | |
|---|---|
| **COMPTER SUR** | **LE CHOU** |
| **CONTRE** | **TUER** |
| **L'OMBRE** | **S'ENTRAÎNER** |
| **LA PUISSANCE** | **LE RÉSULTAT** |
| **LA BOÎTE AUX LETTRES** | **LE CLAVIER** |
| **VIVANT** | **ARRIVER** |
| **TROUVER** | **LA VIANDE** |

3

```
N D S V E Q P Y B G T O D A L I F A C O
S X G R U P Q B I M U Y A S S U C I O Z
D D C B G Z W L R K H M M X M L B J K R
R S A J L R L P M L D E Q V X X D Q E E
Y M T X O J O G G K U S D V I L V N P U
H C E D R E L C I G A R R I L L O B B F
I S I Z A F O X R H Y A O Q H Q G E G S
Y H R L E B D I W Y D Z S S S B D J F E
G A G A P A M L E D F N O A Í K E J N L
V L A M O A A O K P W O I R F A E F I E
F R L O R E M D P P Q G C Y I H P I M Q
G E D N T M L Z S F W R N G A G U L Z P
F D J T S F R H K I L E E K O V H P E C
O E B A E N M Q O X H V L P K B S B H J
M D V Ñ Q U E U I T B A I A L M Y W W T
R O A A V A U A R I E C S Q X G N J X L
R R Y T K K C C L C F L K G A S H J W F
N M F O Q L V R M N J S W X B I O Q M L
F T H Z M F B C E S S S J S L I G Y S B
T C M Q Y G M Y C C B R C Z N D D R N L
```

| | |
|---|---|
| L'EFFORT | EMBARRASSER |
| L'HÔTEL | LA CARTE |
| GÂCHER | LA FISSURE |
| AUTOUR | PRÈS |
| POINTU | LE PAYS |
| LA CIGARETTE | LA MONTAGNE |
| SILENCIEUX | SALE |

```
Y C E H T V K D P B O V H W Z D Q R R S
G D X Z I N Ó I C A L B O P A L L J I O
Q J O K Y T C C Z S I Q E N K A X I T R
U U O T N E I R O V L O P C U V E U N E
C X D G I B Z B G L P Q I V S Z L V E R
N I I X P U U G H G H F A L O O S Z S B
O E O Q S G U W I C L Y Y L S A I S A M
A V H C D Y E L I N V I E R N O S E S O
R Q L M I D P A Y R I H E E H S T T Z S
U G U O H M L G T L D G C A N A E N J L
T Q W S P M Á V T E Q W B N U O M A J E
A S P B F L I N W T Y J L E K A A T H C
R M X U I M E L I Q X R U S B X U I O S
E F D X E B C R B D D Z B J A I S S E Q
P B V K M X M B B O M E M N I S A I Y S
M Y I G B K G A V H G L E E S S C V Y O
E F I V K N M A P N E R G L V M T L Y W
T H W F A C J G Y M A E L S L B I E Y C
A W T S U V Z O P A A X I O J P V O O K
L Z H Y R N R Q L Q V N T L L Y O N G U
```

| LE RAISIN | VIVANT |
|---|---|
| POUSSIÉREUX | LE SYSTÈME |
| ACQUIESCER | LE CHAPEAU |
| LA TEMPÉRATURE | LE SOLEIL |
| LA POUSSIÈRE | LE SABLE |
| LA POPULATION | LE VISITEUR |
| GONFLABLE | L'HIVER |

## 5

```
Q R H W E K N H W U I M N R G Z R F C L
F Q C Q J L J G Y E L P U N H V G W H R
Y U W D N M U G W O Z S Z M E C E E Q F
V Z Y V N E L M E S T D F T T P M X E V
R A R T S I G E R A R A P U N I H P J E
F A I Z D J E P H T A Z Q P E Q Q X W Q
O P X O K T V X O O O A B D D S F U T H
L R E C Q K F P J P E E I R I W E S C B
A E U B G K A A W S Z C A R C O N D G T
D A C D G K N R I O X U Z E C H G J C A
E K Y I A L H O R Y C M C O A K A P K O
U M R R M M Z L U E X O D M L Y Ñ P E T
D H L I X S O K C H G A D A E E A P L S
A O I A N C T F X M S L Q I X S R R V E
Q T T P W J G A X A O P A S P U O A E U
S É U P S E D Q P W M I U R T Á P Ñ R P
D H J O B U X P H Z R Q T W G S R G A O
G L F Y L H O P J H A A N R I Y F K N R
L S Q X O Q E T M K B I X K G U S N O O
A I H S U Y E S Z M A B M O B A L I Q J
```

| | |
|---|---|
| L'ACCIDENT | ENREGISTRER |
| LA DETTE | L'ÉTÉ |
| MATURE | RAPIDE |
| LA BOMBE | LE MOIS |
| APRÈS | POUR TROMPER |
| ORGANISER | PASSÉ |
| CONTRAIRE | RÊVER |

```
E A Z A W L C F H E O O W R Z B M I Z Z
S L H G B Y K U J T L V Ñ C B O F I M B
I E X C U J A H P M O C X E Ñ B V N H H
G U O A E B C G I K J W O A U K F B E L
K C R Q T H P L T Z R V R R G Q L Q O I
R S K V N C R I C E D T D S A A E E F S
J E D G E W Z A W P X P T P M Z B P I D
F A Z K G U Q W I E K J S A K L Ó M Q W
E L M O A Y F F P P E C D F V J C N M K
L E M U L E C F L A M E D I A N O C H E
I D G L P L I W I K R D O K X R R T N P
N O P S F W V T R A G O F O J U V F F U
T I T F E L I N S T R U M E N T O C A O
E T M E P A R A D I S C U L P A R S E G
R A D Z L R W U M R Y K Q R O G J A Y U
I P X R V S Q A L L I B R A B A L T X M
O L A Q L L A I C B P Q W K B M T W W C
R E O W B Q C B I J J Q G X D L P D Z M
Y E O C B G Z T O V Y Q H Z P T E T E R
Q O D I R R U B A R G L V N G N Q K Y O
```

**L'INTÉRIEUR**
**LE CŒUR**
**DIRE**
**ENNUYEUX**
**LES GENS**
**L'INSTRUMENT**
**PETIT**

**BIZARRE**
**LE BOIS**
**LE TERRAIN DE JEU**
**LE GOÛT**
**S'EXCUSER**
**LE MINUIT**
**LE MENTON**

```
T O U M N D R N F O U R W R C H W O A P
O L Q M H A V N Ú R B N L K D I C V T R
F U E C V D A F V M P R D V S U I N L O
P C L D W E Y Y J T O H I F R G O E B Y
Q Á P F J I U O Q R F C Z A S B L R A Y
Q T L T M R Z D K L O D N A R E U Z F J
E C A S T A L A D I S P E R S I Ó N X A
L E N P P V B L R L O N U T G Y Y N Y Y
O P E R U A S B A S R W A V E K S Z R O
R S T E B L H O C Y F D Y J B M I P T K
D E A H C O E D A Y O P U S S K E H X J
E L S O S D D A D I R O I R P A L N F W
N E F D I J H E L A P Á G I N A A Q B E
A N B Q N P Q F C Z E Z S D F T U L E O
D G J F Z Z C H D Q K Z B G V Y T W Y V
O Y T C J D E P S É C L E V Q A Q X U S
R R O L O C L E L Z C N X G I V R K F N
B S D H Z A W C M A S E R P M E A L L X
T U J J U N W F K B Y A Z A W N J K G R
K R U K A V W C Y A P V D T M J I O W Z
```

| | |
|---|---|
| LA PAGE | ORDINAIRE |
| L'ORDINATEUR | LA VARIÉTÉ |
| LA PLANÈTE | LE DOMAINE |
| LA PRIORITÉ | L'ENTREPRISE |
| COURBÉ | LA COULEUR |
| LE SPECTACLE | VIEUX |
| ÉPARPILLER | L'HERBE |

```
U Y R N H E L C O N T R A T O V A R L K
I H E S J K C O D A S E P F K A D P G N
B L C J E K S A V B K U Q B U U A Y B F
U O E I A F O G E V H Q Z D K R N S O N
P U R X V A P D J Q Z J B K N G A T S E
O K A Z W T E T O A Y Z W Z T I M T X R
R J P V V S A X H H S G J Z E R E I S O
A J A N E A D Z C M U W A L A N S D O I
M X S E Z H K Q K O O I C G L T A S D R
U Z E B V I L L I R W A L F I Q L A A E
F E D M R M R K A Q L O J R U R L D C T
C L A I C A V N N E C Z W P K Z G R I X
Q A R L C L L S N P D F A M N C H W L E
H J A N R S U D G M U G J S D R F D P L
R E P C C U A U O S W M U T B M O L M E
P D E W E R Q D V A B T D B Y R S K O R
W R B K I R F Y U E N D I C L E G D C I
C E O O R O R M E E D N Z U N K S L F Z
B Z F D J Y V A G U G S Z L P A A F T V
P S E S G N M A R Z I J T T B I D A B T
```

**DISPARAITRE**
**LE CALENDRIER**
**LA SEMAINE**
**FERMER**
**QUE**
**L'EXTÉRIEUR**
**LOURD**

**JUSQU'À**
**FUMER**
**LES ÉCHECS**
**LE CONTRAT**
**EXISTER**
**PENDRE**
**DIFFICILE**

```
L A J A M Y R H O J O L E L V X D Q M S
A K G D B R H R O Y H S S L B V I E Q W
U V Q A L A M Á Q U I N A P C Y T Y P T
N W P E L I G R O S O X I W T S V E O R
I X B S Z M A V Y O R D E N A D O L M U
V W J B M T C N L D Q H C Z Y P D D H R
E X A Q J F E E U B W K H A K W A E M C
R Z L E H O G R U R W O D Y P L R S E O
S O D I A R E L G A U S T V T J E A B N
I W C E Y V L Y O N V J F K R E N S U F
D R I Q N I L K C I O B P K M T I T U U
A B A C C O K K D S F Q G C G H D R I N
D A J I A B X L D E D Z W J H I A E I D
N E O S D I M L A S U C I E D A D D J I
C S O Y C C L I T A T O S A B R O S O R
O O T Y L E T G O F K Z X M E R J Z Y I
M N C G Y R U K X N P E U X W W M G V I
A T R D Q L O K M D C M O H G U D P S M
X H A P I E P Y E E R K M V K H K X T W
H P B E F D H J D E M D R D T P T U Z B
```

**SAVOUREUX**
**L'UNIVERSITÉ**
**CONFONDRE**
**ASSASSINER**
**RICHE**
**LA SALETÉ**
**ANIMÉ**

**LE TICKET DE CAISSE**
**DANGEREUX**
**LE DÉSASTRE**
**RANGÉ**
**DÉTESTER**
**L'OEIL**
**LA MACHINE**

```
R X M K D P F N K V R Z G R Q T F Z W F
Q W U Z V D X X N P F Q B Í X N B V E Z
J E N L R I U V E V X P M E A R C E L A
E L V R O W O L Q C J Q J R B B L R C W
N B D W G E V Q D D G U Y Q I E R A A W
Ó I X V L A S S S Q G R J X J M F I M N
I R C T L O R X M O A H G E D D U U I Ó
C R M O P K L O S T R I R E G U S G N T
A O R Z U L U O I N I C I K P E B I O A
N H S B P K Z K K W I E M E E L N Y D R
I N H S L L A S N T Y M N F T E H O A L
B P E X E A I B O Q I Z S R S X D A D E
M U C H L A W O K E O R M C C V D P E F
O Z N Z T C R D Q F M C K W U E X N I G
C W I B E E J N A W P F M Y V I D H P J
A O L I C R T O F M H W V Z X W F D O N
L S L T H A F F P M H L G W D B Z F R Z
J T O X O N H L V D A E D N X X X V P J
L B D C C Q Q E N I T X Z V D S P E A F
Q J I H L H X I A M G J I K C D O W L K
```

**SUGGÉRER**  
**LA COMBINAISON**  
**L'ARMÉE**  
**LE CHEMIN**  
**LA PROPRIÉTÉ**  
**LA VALEUR**  
**RIRE**

**LE TOIT**  
**LA SOURIS**  
**LE TROTTOIR**  
**LE FOND**  
**GUIDER**  
**JUTEUX**  
**HORRIBLE**

# 11

```
K A R Q K F L X N S F I K L R C G T K C
C C G C G D A M Ó R Z Z Q G Y W X A Y A
F A Y A B Y J P I S U H A R P S N F K V
K L E E F O B O C E L A P U E R T A K F
R T H K E H W F A G J F Q R X P A O A E
A O J B I E L V S U M P I I U B D N G I
I I L O J V X V R N N W R B X A S D U F
C L C R M G X Q E D U B P L C Y Y V D X
I L I E M I A Y V A R G S U L J H Q I G
R U R T V P U F N M E B D L V O Z F N M
A V A N R P C M O A Q E W S R K R R L Z
C I H E J A W J C N J R I E I O X O M C
A O C X K H R J A O H B Y L H Z T V S E
A S U X L V D A L Q M Y P H E G Y K K O
R O L F J J E T P O G I F U V K G F Q N
A Y B W R D F N U E P X K M U Z Y L R R
P L A P I N T U R A S X B O L D Z F C G
T M R C P H O E V W A F F R O K I S Z B
L S P P Y R J M P I N K G I Y R X J J H
L P H D B P O S T E K D U D G P J H S Y
```

| | |
|---|---|
| LA PEINTURE | LUTTER |
| GRAND | SÉPARER |
| PLUVIEUX | ENSEMBLE |
| L'HUMOUR | SUR |
| LA PORTE | POLI |
| FRACASSER | EN LARMES |
| D'OCCASION | LA CONVERSATION |

# 12

```
N I E M A T F O V R L P R C L T V W S Y
A N A P M A C A L A F A I P J X K X I B
X Q K Z O G Q E I A B R W Z F Z C X F V
R K Y W R P N N I O N K I S N G J O V S
A M S L E T V P R T P I A V M W N C M L
T J S N M E E P V C Q L C O D N U G E S
I M R V R K Y J H W N A W I D U V N M I
S R E S F P W H N S Q Ñ F M D W R E A L
I Y I J I E I C B D V A Q O I E R S F U
V Ó U R H Q Y F F U D R X D Q Y M F D H
N O Q O W I Z H R J L A L N W Y N A Y P
I E E I L H W O X Z N A U O X R X I L D
I C E O N E S Q A U T L A D Y K U M R F
E P E U Z Y I A M E J G E E W C I U X W
P T N N J U O H C Y U F O R C D I T P S
G T T U T A W E L R J D K R L J P G L Q
F Q E Y C I R F G E C F J V D H U X I K
I I C Y G A R A E P L O G A L U V A K Y
R A G U L L E A Z S R E F G F C D O I E
Z S O Ñ A E L P M U C L E L R V F W T W
```

| | |
|---|---|
| **FRAPPER** | **L'ARAIGNÉE** |
| **LA RECETTE** | **LE LIEU** |
| **DEUXIÈME** | **VISITER** |
| **ROYAL** | **L'ANNIVERSAIRE** |
| **LA MÉDECINE** | **LA GLACE** |
| **GOÛTER** | **L'INVESTISSEMENT** |
| **ROND** | **LA CLOCHE** |

```
R Z U O J A T E R R A D O R E Y M D V Y
T V P D X Z B U O S N H Y W D A P K C Y
T P P A Q O O J F F M E D W D C V Z E V
W E A G H R E L A J A R S E G Q O X A P
K P R A V K L W S M I M I M L E I T N Y
L R A P S X P O D R I D O T G F V O O J
O Y D A V J R W T B Y J P E F G I D S F
R A E M D P I N L S Z F L U A J Z N R U
C Z S H A F N G E R A T O L F A W A E J
V E T V D F C X L F D J L A C O S A P S
J K R G I H I Z G B K W Q W S F Y H A O
Q K U L R A P Q I I B V Y H Y A L J L O
S V I O U C I V G A T L F G W Q A Q S B
U P R B G M O C A H W P T W J N Ñ Z R T
X M X R E C Y M N L Z Q N V N N E F C R
W P X Á S J K V T M V P L R U R S H Y E
T F A L A I J T E A Z V W Y U C A A O B
H Q P E L L V A T G T N N U E L L F O F
U N B Z S J W Z Q Q K F V A F M Q I B C
H J C L M Z F F L V B I J B K O D Y I F
```

| | |
|---|---|
| **DÉTRUIRE** | **LE DÉBUT** |
| **POURRI** | **FLOTTER** |
| **EFFRAYANT** | **LE GÉANT** |
| **SE RELAXER** | **LE SIGNE** |
| **L'ARBRE** | **LA PERSONNE** |
| **DÉSACTIVÉ** | **LA CHOSE** |
| **LA FIN** | **LA SÉCURITÉ** |

```
G I N C L I N A R S E V A E M F E R O Z
E E Y O D A N I P M E D M N U F R Q G M
L L U L S U O I D G B P V D J X Y O G G
O C S E V Y D L D O I K C K B R M T C F
I O K Z W B M I L O S T M D J L F O U F
R R J I S H Z Z I N D P N A A F D S N
H T Z P K L K P H E D J E P Y B K U A Ó
Q E Y O Z X U O W J R A L Y Z M Y C U I
R D O X L L S R K O M A C G O G M M G C
A E A W H R Y D Q A N D U O K H Q A A A
Í C K R T C U Y L T S O T S B P S R R R
R A G A S V O N A É C O L E I N A K A A
O B M D L E N Y S F E J R O R C U Y P L
G E U N X A P Y M B P E L L I B R O L C
E L L U N D L R O L U U W F X T A P E E
T L Q C B P A E I L W A I Y W Y U X X D
A O V S O J F F U S E N O C Q E P L I A
C C L T M D R B R J A S D D W R M S M L
A F O D W U O R J L B Z C V Q U T W Y Q
L B N K K S Z A P P P P T S T P G M M G
```

| | |
|---|---|
| MAIGRE | LA COUPE DE CHEVEUX |
| LE CASSE-CROÛTE | LA DÉCLARATION |
| LE PARAPLUIE | LE LIVRE |
| PLANIFIER | LE COUDE |
| SE DÉPÊCHER | L'OCÉAN |
| FÉROCE | LA PLANTE |
| ABRUPTE | LA CATÉGORIE |

```
R O X Y I U U C C S M H K V N Q A R F Q
O J I H L E F K L U O K M D M K D T E N
W E F Q D Z F K Z Q Z V P B W J J L C K
N E K U U F D Z V U K P V O E C A X O F
S A C I T Í L O P S A L N S P S A Q T O
A F J N W A N A M U L T P Q C C O M U L
L Y M C I O A J M Q X J L E F X C G N K
A O U S H P L E V I T I N Q Y L S X I X
R V Z N M H N D G E Z S O I O Í R F M S
D T G M H T J O O N O R E I T D E Z I R
E Z A I A I C C X R C V M M E L P G D X
A L Q R T L S I V Z E L D R E N A J E H
R Q O K H T L T X X Y D D V S P M C D W
N Ó J A C L E N H G Q O E G J A Z O T R
B N L T K X T Á P J R N U I C D X V E G
U V G O M L Q M H U T X O Z F J G P A D
P Y V K K P B O D O Y J U I F T E G K N
G U C E E G A R W W A V H Z T T A I H Y
C H W C T T Q P J S X H U O I X N A Z F
O R A T S U G U Y F K L X R G U A K W X
```

| | |
|---|---|
| **RÉPÉTER** | **COOL** |
| **LE TIROIR** | **MINUSCULE** |
| **LE DRAIN** | **ROMANTIQUE** |
| **L'ASCENSEUR** | **RUDE** |
| **LE FILS** | **AIMER** |
| **L'ÉVÉNEMENT** | **LA POLITIQUE** |
| **SE VANTER** | **AUGMENTER** |

B E L X V X X G D N U M C P L C G L E U
E L E X T R A Ñ O N Ó I C A D N U F A L
K D C R T S I G D D I E G X W K S U X I
H F C F O P Y U Z B O E E M J N M H L M
V L A E N F E R M E D A D X C U T C Y E
I C L K F D N Ó I S I C E D A L U O S A
C A V D P N Y V Q J C C P T I N N L M I
A G A K L J Z C I Z O D R T H L P Z S C
G N H V B C K U F H N P Z J A J I K I N
I Ó E X I T O S O E O E V A U S Y L V A
M Y P J Y K J Q C N C S D Q O P O P G T
R A F Y D K J G E T S V M K K E K C J S
O R W Z T G O B C R E A V M U Y A R X I
H C C D D D M Q T E D E H Z E R W X X D
A L C N A Q K D N R P D T E T T J B W A
L E J S A H Q U G S A N N C Y M N I K L
W F A T S P F L A T Í A K Z W N S N E M
U J Y M V O V I A D P R H B J E P W W J
N E M Y W S T D W C Y G H H P M V V W J
E E V W L F E W I X P T Z X D C Z V Z U

| LA MALADIE | LA FONDATION |
|---|---|
| LA FOURMI | INCONNU |
| RÔTI | PARMI |
| LA DISTANCE | DOUX |
| GRAND | L'ÉTRANGER |
| RÉUSSI | LA TANTE |
| LA DÉCISION | LE CRAYON |

```
E O M Q X L A A U D I E N C I A I A M T
U C P W Z C Z R D H K L A L Y U Y I K K
K Y F P A R A V A C I A R J K B X L R F
X T C O R J E A W A J Q T G C A Q A V C
H Y G L M W A X M X P G D F Z N C T V Z
J I N A S J C X O H M L U W B R T O P A
F P B I P U E O E T Z S L O G Q W R J I
M C O Z O T R Z F Q H Y D C H U E G U J
R R D Q C P C O C I T É T A P D U H U O
L E N U O H A B R T X Y W J N Z U H T U
N C E I P Z D M A N B U I E T V K G R N
F E Y E R B E N V T H U P J W Z N I B H
F R U R O N B N E P L S X U Z P J P U W
W M L D F Z B P N H U L U X A D J V H T
E X C A U K M W Q S C U A F D G P B A X
P H X Y N O S E B L E E X R X Q J B Q D
S L E F D J M P U A C X L K U P W N W H
W V R Y O R L Y R E Z C A A Z T L O R B
U K U B E F I O L A A R D I L L A X H V
C Y V P H Y Q O Y J Y Y L B E X E L U A
```

| | |
|---|---|
| À L'EXCLUSION | LE LAIT |
| L'ÉCUREUIL | NEIGER |
| PEU PROFOND | À VIDER |
| L'AUDITOIRE | LA GAUCHE |
| PATHÉTIQUE | SUSPENDRE |
| LE BAISER | GRANDIR |
| À PROPOS | LA ROUTE |

```
E L C O N O C I M I E N T O F N X N D G
K Q Q X P K Z J R G O M H X U M S L G N
R V B A S P U L S Y J N C K R F J Z J C
O D X R P N L U Q H F U T L N T Q A G F
I P Q L S U H Y T O L K R E A P O H B H
R X P N M M A E E R F A I Q C T T S N Q
E C A N M E D I O R L B V Q E E P X C R
P R R U M P A T I I U A E A L G K U T A
U J A G B T Z O X B F C V D C Q E E Z T
S S R Z B T C I D L A X T E Z A G Q H I
E A E S R X K O E E S M F K R W K A L V
T R C S X F R X N R S C K A R D M P F E
R R I E T J C C L A W A T F M A A E E A
A U B I O E I N X T N V P X W M J D Y R
P I I Z P E G M S U Q Z Q A C R D W Z A
A N R T L C T K B R N N X O R Z J Q Y P
L A O O X D B S P F Y Y X Z X E C L H D
D R L A H O R A U S A G W L Q Z C H F L
C O I U P Z Z X C I E S K J B L P E V R
G G V D V J W G M D D M O F U E V G R Z
```

| | |
|---|---|
| **LA CONNAISSANCE** | **HAUT** |
| **LA VACHE** | **RUINER** |
| **SAUF** | **BIEN** |
| **ÉVITER** | **APPRÉCIER** |
| **HORRIBLE** | **MOITIÉ** |
| **DISPARAÎTRE** | **L'HEURE** |
| **RECEVOIR** | **LA VÉRITÉ** |

```
L R I K Y W R E G H B Y G G F D E G F K
A Y P W V D B K S E X R N V T C W P W B
L N R P C G J S S T O A P Y L S O V E T
E V B L Z N H E A Z Ú M O Z M Z W I G B
N C C S C R L V O D X P U Y H X X M M O
G C Z O Y L P W N L M O I T Q R T M X D
U B Y A Í V A L K X X N K D O D G H A A
A S C M T Z C S S Y E K Z D O O C V R C
V A I H T R R B L S M N E I C G G A L I
Q T P Y V A T T A D M N D I P O M L M F
E O N J C U O G C M E G N W I L U S K I
X C W D U R G U O T H F V P E O U N L N
U S W J G O A F L Z C D P B S G S S A G
S A A P M M M E I F Q K H E T P S M Z I
Y M T S I U Ó Z N H A T I Q A L T P O S
S A X W K H T Y A V N V Y B B L T M N L
O L P E N L S P O R A D V A M F X R A E
M K T C N E E H H R M T S C N V I H L T
H B E W I X L U T S Q E P K K C E B M N
P E G A R S E M H L M Z M F O G Z B O X
```

| | |
|---|---|
| RICHE | LA MER |
| LA ZONE | L'HUMEUR |
| STUPIDE | VILAIN |
| LA LANGUE | L'ANIMAL DE COMPAGNIE |
| LA FOURCHETTE | LA LIMITE |
| LE SENS | L'ESTOMAC |
| COLLER | LA COLLINE |

```
P I Q P R M H K X J L U O W C J F B E M
L A A T M Ó S F E R A S L O L R K A A D
F I K E F D D S M D E G L H A P V S P O
J D V L E V P L N V S K J C C R C Z D V
S K L M Y X F Z U G T O Z E A O Y L J L
S I K A D A Y Z R Q A N X H R M G Z Z F
D K O R T E N I S Q C E Z L N E Y Y T K
A L X T C X T X L F I Q U E E T U X G G
B Z L I T A V N E S Ó M L B D E Z I Z G
E S E L R P D L A S N E Y M E R J B B Q
L L C L P L E P T T A A O T V V D Q Q O
M G F O J Q D Y Z B S M P B A V E O U R
A Z F B U N Y W F X F E E I C S E C O I
E A P I G X L C V H Z A L F U L V F L H
S Q P N N V Z O K G Z U A E N O T R S B
T O M Y N T H B R N I E R B O B N L U I
R O L A V N I S E S I Z T Z L N I X W F
O I U N S E M L C H Q X E L G U A N T E
I P Z E O Q B V L N X V P Y L Y R E R M
E G Q V X R A E T E F O B A I Z D K W O
```

| | |
|---|---|
| **PROMETTRE** | **LE MARTEAU** |
| **LE GANT** | **LE FAIT** |
| **SEC** | **HURLER** |
| **SANS VALEUR** | **L'ÉTAGÈRE** |
| **GIFLER** | **LE BOEUF** |
| **L'ATMOSPHÈRE** | **L'ENSEIGNANT** |
| **L'ÉQUIPE** | **LA GARE** |

P M H F R I R B U C B B V I P B R A I D
V X E O M R X G Z L A S J W U U G Q P N
X P R Y F B E J L Z F S Q Q L E I M A L
P E K I T Y V D C X W R A Z U W M G C A
Q I N C Z S R K R W L X Y D R W J S F A
Q W G O Z H V M H E H B X R O V U U K M
I T A T O T X B G O P J Y F A G Q U V E
R B O D A E L P M E L E O É V A C Í O N
E B Q E S E W Z C I W R A R N N D O H A
T R U S F W B I B O W D C T Z U M S F Z
É O F A V V J V X Q U Y S I Q C C Z V A
U Y L X E R U M A V F S L L E Y E X U U
S T X U O S H Z P K P T X S V D D E P R
L U H K T N C T E V P J C U V K Z P X F
E J W D P K A U Z I P U L A I S L A U H
L A T S I R C L E W C E Y Z T J G Y E O
F R A V Z X D R P H S O B Y M S X H N D
I X J C A M U U A E L V E N E N O F I J
L A O Y Y I G R T M Y C S B X N Z E P Z
W F W P A M X M A W B A N Q Q W L P H E

| | |
|---|---|
| **LE MIEL** | **LE VERRE** |
| **GASPILLER** | **LE FIL** |
| **COUVRIR** | **MARIÉ** |
| **LE SWEATER** | **L'EMPLOYÉ** |
| **LE POISON** | **PLAINE** |
| **L'ILE** | **VIDE** |
| **FERTILE** | **ÉCOUTER** |

## 22

```
X S O R P R E N D E R S T P X E X Q Z F
W Z A E N S H A F W K X Q A M S N H Q N
F W E S M O X P L X C Q H L B A U O N H
B E H X S A Z R N B K T H R U D R C C G
I I L L X Q E O A O J S E L E V A R W K
K O Z A H O H C G Z J F P G D M T Y Ó A
T R F D W E F D U T I T L U M A L Y M N
O E W E V G V M U A B R E W Z L O P M U
S J R F C Z J P F C J K O N E L R W L C
A U P I G W K P E P W E Z R Y P A L P G
J G I N R A G O R Y B T T Q R G C O X L
N A C I N J X D J Y U T O E N E P T W T
A L S C D E C Z J T A L O Z T G P C H
R E R I P B X E F H A A M N G Z V A E Q
G B I Ó Y I J W I J P T Q A F V U O Y Y
A N O N R X B C A B F I R G Q G J W E J
L A S R K P I C N D M E F G I I T V X S
D P B P J E A U K W U R Y V F T C K W V
J R E D Í L L E O F V R S A G E K U Q P
D E L G A D O K A E N A B T T C V K W V
```

| | |
|---|---|
| LA BOÎTE | TERRIFIER |
| DE SURPRENDRE | LE MENEUR |
| DEHORS | LA FERME |
| À MENDIER | AUGMENTER |
| LE TROU | LA TERRE |
| LA FOULE | BRUN |
| LA DÉFINITION | MINCE |

E Y B N E L B O T Ó N B O V V L H A K N
P R S B K L V D Q S W A C S C G X S Q S
Z Z E H T E R E N I I X R V O A P D W L
O Y P V K C J K K N P J O X O Z N U D Z
C G Y N O I N T E L I G E N T E E N G E
A Q A E C L U J T U O G Y E E O G R E L
V P I P G Y T Y X K Z O J I L Z C K E A
D J O I L V M I J H I Z O X P I R J D P
U Y D C J E W E J Z D F R Q I N T Q K A
X X U E A Q X C S A A Q E L S O F Á R R
G L O Q L L P S R C D Q M F O Z C A P T
N A A S I S T I R F I O P Y D H P H V A
G U V R F D N X R E V G Q B E L C E Z M
P A D O E Q H E R T L R O G A T F F A E
P A I O F A S W U D O B R I R A H G D N
G I H T K C L N B V C X U O R K O K D T
C N R K O Y C I Z G R X B W I X T Y Y O
W X Q E T P Y R D I B Y P K B P Q E L N
M D Z E Z O C P P A L C O Y A Y Q U M R
M E Z R Z S A Y N D D D H N K G V J G Z

| | |
|---|---|
| **FRAIS** | **LE CANAPÉ** |
| **INTELLIGENT** | **L'APPARTEMENT** |
| **LA RÉALITÉ** | **PARESSEUX** |
| **LA TASSE** | **LE BOUTON** |
| **LE PAIEMENT** | **OUBLIEUX** |
| **L'ÉTAGE** | **MÉLANGÉ** |
| **POUR** | **PARTICIPER** |

```
A E P P S B Q K Q O O N Y P R V M Q K P
K J H V D S M C D C V S C E Q R E O V H
U G V I O C C I S K T A J B N J S S N L
F A L T B P C A Z O H U R B N I P O F T
C Y T M Y Á R J A C M U J E K P D T G M
Y Y K I L F C W C A V G B E I X E N N V
K L T K L N M J L I E S T Z V F L E B Y
F A D E M W W Z D J Z C T Z P O L V B W
K Q K P U Y U Y O B B O A A Y W A Z S B
U U T A K G L X Q V I G C V J A G S V F
Q Í J U E T N E R F L E E M Y W O N T E
T M T X X T Q E P H A L K J U L Z T B Z
D I E K B T C Q N I O M Q V E G W L P G
B C N Ó I C A N I M A T N O C A L J L M
G A M H A M B R I E N T O X K Y D F I D
X A N U L A L C A M B I A R W X E W Y B
L A A T R A C C I Ó N O R R Í G I D O X
O R U K N Y X C Q U J N E K E M H C C V
L F E S P E L U Z N A N T E X L K E N Z
X A G U V D U A P R L K J O P I X B P A
```

VENTEUX      EFFRAYANT
LE LAC      ACIDE
RIGIDE      COMMUTER
LA POLLUTION      LA FILLE
LA LUNE      AFFAMÉ
LA CHIMIE      L'ATTRACTION
LE DEVANT      LE POT

```
S Y B E B L Z W J H E I I N N X T V Q A
A L C A E C Q O H W D S L Q X N X S D P
Y F N N K X Q Y W O O X W X G O D O E R
B A J O Z N R O E B D F B B M S D D D M
Q Z H S F W A Q E R A C P D I K H A F G
Y Y N T G N C O V B L B J E W D O N P P
M B R Á Z B I P J B L L E E W F S E Y S
H X R L D Y T G A F A Y D B E U M D T G
F P R G C Z S S A R X R K N E E E R S X
O C H I T H A X B R A W H O K R V O L R
R E F C N H M U G T X R M V M T S S L R
J O D O M T K H A M D X E R H E D E Q A
K V B R M N D L F K R C F S E C O D W S
W T S U Y N G Z R E Q Q D Q C M D L I L
Q J P C S Q W A G Y Z L O S D A T O S W
G J Q W W T T Z K O X I I E V P T O C Y
J H Y A V N O Q V T L M F K K F R A K N
H E F W A H D A V P R Y W Z O C S U R B
S B E C I W L J P A R A I N C L U I R A
C S H N E Y N H D H Y A L X H U Q D H U
```

LA VOIX                 L'APRÈS-MIDI
BOIRE                   À CÔTÉ DE
SAUVER                  INCLURE
DÉSORDONNÉ              CHANTER
GROSSIER                LES DONNÉES
ROBUSTE                 MÂCHER
NOSTALGIQUE             FORT

# 26

```
R L N A M H F K I K I L N D O E I H S R
Q R A L L I P E C P K S G B C J O A E A
P N A R J O G E B Z N P Q W Z T L V L C
G E A M E N T I R D R I Y T Q U Z O D E
E I O F M Q B Q W A V N B N D D S L O S
P K D P B P M I E N N P N A V B M W R I
D V U S B U E D U O G E R K K V A R M P
R P J W G L I J O T T L C Q J S I Y I F
A M A U Y A P F S I R B N T D A C K T M
Y S R G L L O I G C D A P J N R N W O J
N L O Y M Z Z O E U J G A V H R E O R A
T K C H O X X P S M A I V C F E I B I S
F J T A N R J D J Y F M Z B Q I C O O O
A A D I F E R E N T E A R P S T A D N P
S G F Y J O V F I L S I C Y F A L Z S S
U Q V T F R K C O E O C Y P T L L A Z E
S B W K K T R P Y E A C X Z Y A Q M D A
T B U M V J U G X R C E C R J C Q B K L
A Y B H P B X U C E Y Q Z E T E K Q H O
R J O V R R I T R E V D A A R A P R L K
```

| | |
|---|---|
| AMICAL | LA CHAMBRE |
| L'IDÉE | MENTIR |
| BRAVER | LA FEMME |
| AVERTIR | DIFFÉRENT |
| SÉCHER | LA TERRE |
| LA SCIENCE | EFFRAYER |
| DIRE AU REVOIR | BROSSER |

```
C H V K J E B C C P Z F Z E U A N O L R
G C E L P A S A J E R O L R L M J S C Y
T U H Q P R U V K S X C M T G L T H P C
Q V P O S E E R I T O Z C I D A B K T X
E D F W S E X Z K L L B H B R C R V M O
F R I J O E L N U T A I T Z O L I P L O
E R A L D W G M V E A X P U F I L K O U
S V J W E W P U T D P R C O J O L N T J
Z G D X T I V K R P L E I E L R A L N R
Z Y H W O F M B D O I S T N A Y N J E A
R G L M G K O L V Q C W K C N O T F I I
L L N E R Y Y S T F A W V K A T E J M L
V A H R O A D Q L C C O O M R G W T A I
G L J O S R I U O E I Z X O A Y G D P M
D H X Q Y J K F Q Q Ó U E A N S E X I A
Q O B M P L Z A N O N H S Q J L N W U F
O N I M W E S V P O V I T M A I F G Q J
C E K B H A W F A O C D V N S E S N E Z
N P H U P O Z E I W M T T H Q E H W L Z
B R C G J W M G G M W E B O V I A M E F
```

**DEVANT**
**FAIRE CONFIANCE**
**SÛR**
**FAMILIER**
**L'ÉQUIPEMENT**
**L'APPLICATION**
**CALME**

**POSSÉDER**
**BRILLANT**
**LES LOGICIELS**
**LA BALANÇOIRE**
**LE PASSAGER**
**L'ORANGE**
**SANS**

```
I Q R S N U H R L O E Z C S L T C X S I
Q Y H T V H O C H Ñ J O A T R A P A R T
O H E R M O S O T I K P R M R C L Q A I
D O L C K D J W D N A T Z F X J P V D D
A T Y P I F E R L L B Z H T L J R M V D
L K Z P R Y L L A E D Y E M H E R V I R
A R Y O G G D K E L S E G U R O D C J O
S G T G P H E M S B H I R T Q H T K T O
V A D X B H P A R P A D E A R I B H E W
R J D Q G P A Z D A B F K S H R W U S
F P W I Q O R D N B C G M G D P M A W B
A L J N K R T V T V M F T X C S F P L F
D Y L S L S A X B R Z G I E X F N W N F
L A R E V O M A R A P I K P M R C L O I
H T S Y T F E S T C J T F N G B Z F X S
I L O D T F N L A N A T U R A L E Z A J
G B B E Q I T S R B O A R J A N R F P R
O K R N L W O Q U L G W F O D F V N E X
X D E T L M O V D N O N A M R E H L E U
Z Q X N A O W Y D L N R A E Y C E Y P R
```

| | |
|---|---|
| LA RICHESSE | FROTTER |
| SALÉ | CLIGNER DES YEUX |
| LA NATURE | L'ASSURANCE |
| BEAU | PIÉGER |
| BOUILLIR | L'ENFANT |
| SUR | LE FRÈRE |
| LE DÉPARTEMENT | BOUGER |

```
R A Y E H O K A Y P F B B A M A R G O Y
A X T O L N X C E C E Q N A X O U N P C
E D G R Q P S V Z Y P Y G N O P H I U Z
U Q W C A T R P R P Q V V I Z Z M A E J
Q T D K A C J E I U M Y X Q G D O D S G
O I W N L P A S S O K H P B D A D R T P
L N L L C A I L X I V Z Q G M G A P O C
B Ó N A H R B K U K D F B E P C E T D B
S Z Q D V A I L H A P E N D Q S K E A Y
E A K K L H R E Y S R T N M N W X F R F
D R P Z G O Q T S V R A U T D M E J D W
A O T S H R J A Q E P A U U E H L B A P
R C R H V N X L P D U H W J P K G F U K
A N L B V E W D A D I L I B A H A L C O
P E L R G A P S L M A B X D S I N H C F
Z U O X B R R N P U X Y W A U O C B W M
O B D S M A D V Q F Q K N L T C H Q L D
L E J J G A K I Y C E B G R N C O U Q X
K D V U M V L X Z F D J O Q G T F A W R
F R J X X N S J B B L C F Y A C F D S V
```

| | |
|---|---|
| **MORTEL** | **CUIRE** |
| **ENTRE** | **CARRÉ** |
| **LA COMPÉTENCE** | **CONTRAIRE** |
| **LA LETTRE** | **LE PRÉSIDENT** |
| **AMER** | **JOUER** |
| **LE CROCHET** | **COURT** |
| **DÉVEROUILLER** | **BIENVEILLANT** |

```
C K T Z A L A A U T O P I S T A R U W V
H K P X P A O C D O P U B R E D E D J R
I R A L L O C L E O I B B G B L A S X L
P E M B H J G J A G O F E W D S R F Q K
M H J A V W V B G M Z I B F I H T E A N
W E H O R T N E D W A N T E O N A N L X
P C E G P E L S Z D N G G O T X A O Q P
B L R K W J F A M H K Y I C N W R R Y P
H Y W D O E L E O Q H I D A E I A M M N
E B L Y X B L T J F P R M A L I P E V I
C J E A N O F E J M I R S R O H X N Z C
N F P U A C P S G F I C B I I Z D P E C
E W K E J O C H C A V Z I M V E T I M R
C W L Y P I K B M P N Z D N E H A A V T
L S J H P J U U B V L T Z K A F Z E G R
Z Q K Q F I D K I M C K E D E B A J O B
E R A L U L E C L E Y L A X G X L P K Q
N L W R H W Y Z V Y X Q G X B T P C L P
Q O C O T A P L E V O C S W Y P A M O G
N M V N N Ó I C P I R C S E D A L D E J
```

| | |
|---|---|
| **LE TÉLÉPHONE PORTABLE** | **LE BUREAU** |
| **LE CARRÉ** | **BEAU** |
| **SOUS** | **ÉNORME** |
| **DANS** | **LE CANARD** |
| **VIOLENT** | **LE COLLIER** |
| **LA DESCRIPTION** | **ATTIRER** |
| **L'AUTOROUTE** | **LA MAGIE** |

```
R P A M E S C A L O F R I A N T E X J K
J P U D G V I N S J K P P R X J V Y A M
R T T E L F L A C E R E Z A I I M L T N
I B F P L R C A S F K C Q V N I U A Z H
A Z G A B U L T A D O M H P Ú B J T M K
Z O C R M Q T Z Q J B C P B N T N E Á D
N O Y T O K C O M P R A R G F S I M G H
B A X A N G O S T O B Z G I I F Y L I L
V N J M M L Z E H K F G Z I R E C E C T
Y Y Q E H T Y K N H C E P B D E H G O S
P Q Q N U M R B A K D X P E V S C W S E
L P K T Y U T H K A C A B K K R L M V Q
T C D O N A N C B X G U R Q Q A P R J T
A A U T Ú I K C I K G D G C S N G X S S
G H Z P N Q Z D I F Í C I L I I R A F A
C M Q V E B D A P U X N L J J L D U B E
L H J B M J É C D B G Y J J T C J V T V
X G Q M L D B V Z L T Q T C D N X G U L
L G R U E T I K T Z F T U Y I I R I I V
D K O W I Y L Z D E V D G M S U B G M H
```

| | |
|---|---|
| **FAIRE DES COURSES** | **LE MENU** |
| **MAGIQUE** | **SINISTRE** |
| **MAIGRE** | **UTILE** |
| **PLAT** | **LA CERISE** |
| **ÉTROIT** | **S'INCLINER** |
| **RENFLEMENT** | **FAIBLE** |
| **LE MÉTAL** | **DIFFICILE** |

```
U N R S H U I X L A B I B L I O T E C A
U F M L O D A S U I L G C Ú F M F K R U
P R K E Z C Z E I J V W Q B S T S V A F
E W V L W F C J M S N L V A M J H L T A
X R E D R E P K X E L A E T X H N D N L
A S I A T R E F O A L C B M I U M C E A
M O O E R T N D C U I L Q C X L X T M M
I C J B B F I I V Z H A D Z S Y B Z O Ú
N I Y W Z Z Q K X D Z S C E R R A R F S
A D N W D Z B G G L L E L W O N Z Z A I
R Ó K C I R A P V G C J E X H A H B R C
B I B G O P X T E H U R A P L Z A F A A
B R B U N M O D M G J A V Q P M G M P K
A E X E E Z P D O A H B N B P V C V Q D
P P Q N N Z F E A D M I N I S T R A R F
J L X X T Q M C T D M N Y F A B V T W F
N E P Z J H F G R E P D U Z Q A E C L M
Q D M B C I L M H W N B J L I W E W K N
U S N P Z D I H R K M T R Y Z S P T Z F
A M W Y I N P S R L M T E I Q L T J T E
```

| INCOMPÉTENT | LA CLASSE |
| --- | --- |
| LÂCHE | EXAMINER |
| LE JUS | ENCOURAGER |
| LA MUSIQUE | L'OFFRE |
| TABOU | GÉRER |
| UTILISÉ | LE JOURNAL |
| FERMER | LA BIBLIOTHÈQUE |

```
W U Y S P N A Y M S W M J R W Z W T K M
R T P F C O H Y H O E B P I L J R A U P
P G C V G X X Y Q R W A C D D E D Q T R
A V P A K N B X Q B Z A X B S K N R M A
X U M H H C S K S M Y M S O L O M É E E
R C E F G W U F X O I A T P Z Z J I J P
V H K K Y Y H P V H K R J J Q K R P O L
V V O A A L B A S E I I E J X E A L X O
T Q D I B Q I R L D Z L Q H I V T E A G
N U O E D Z W A L E Q L V Q F A I D A T
V T Y L O J Z P X S U O W V U I G O F I
R A G O H L E E R R O T O K K R I D R E
J Y F S F L A R U E D A V E Q T D E A X
B R O I K E L S K G R O L R U S W D C H
A H B S X F M E E O X C E B J U J L I S
R C X N X M H G R C N X Z K Q D E E F T
R T Y E R L E U H N P F H P B N W X I Q
Z B Q M W J S I P E L A C O M I D A R R
V X B H B D O R P E L L I Z C A R W E H
H N N Q E E J N G C C S G A N L L Q V X
```

| | |
|---|---|
| PINCER | LA NOURRITURE |
| LA ROUE | L'INDUSTRIE |
| TOUSSER | JAUNE |
| LE ROI | CHASSER |
| LE DOIGT DE PIED | FRAPPER |
| VÉRIFIER | TAPER |
| LA MAISON | HAUSSER LES ÉPAULES |

```
Q J D E W E L N O V I O E R E D A P Z X
L H C L A C R E M A C W V F Q I A X N O
D U A G D L D G L H Q Q S N O B U S D Z
E B L D F A N J O D L U B M I G E I C T
E G E R H U C Y D X F E Q R E T T T Z G
H U Y H A T O D A L F I R C B N O H Q I
M Y T F D I M L D C I A P V E T Q A M X
E V O U S R E D A A L J L S O Q A E L M
L A Q F E I S J I H P T L S C R J A D M
P N L Q S P T B L C A E E L U U U K P Z
E Z K E R S I K G E E U J J P I Y A O F
R C Q R E E B P K R V K J L A D L D Z V
F F M X V D L N G E Y B P V D O Y Y V G
U T V Q E M E X Y D C U D B O S X T B O
M S U G R J Z U L A O V A K C O N G K G
E Z T U T N L E G L C M D U M Q T E Z F
R M Z L A G U E R R A Z P F O S E A E N
A L I H C O M A L A P W X S N C M K Y W
T K L V D Z I D C W K W U D D U E Q P C
V I V Q N Y M A I R A B U S C A R K U F
```

| | |
|---|---|
| **BRUYANT** | **LA DROITE** |
| **ALLER CHERCHER** | **LA GUERRE** |
| **COMESTIBLE** | **L'ODEUR** |
| **OCCUPÉ** | **LE SENS** |
| **LA CRÈME** | **AU-DESSUS DE** |
| **SPIRITUEL** | **LE PETIT AMI** |
| **OSER** | **LE SAC À DOS** |

```
E L C A R A C O L E P E C P L Z H V W A
O W G A O L E I C L E F U K F R G J J X
R E N V O D A J O N E H I N A G C N J X
G Q R H D S R U M R Y V D K E H A C P S
Á S F G S B Y O M B Y X A R N R H D V R
N I I R G I T Y T X X D D O A X O Y Y P
I O O A P U I H E X P P O N E X J J M G
C H A C R A G L E R N G S D L O C E Y T
O G C B P Q R T C X J S O H H N H E M Y
F J M Q G S R A E A L V J A O Y L V E Y
M U M M P O F G C A A U I K B S U I N W
N W J H N K B T H O I Q B F B B O B U M
F K F L X P F C J X N Z T L Y C S I J H
K O E J Y J M W K U P E W D G M H J M C
A Y E E C K K R K V K L C X K W C S A T
A M L U N W M F T P A R Q T R Z S N R Y
F V A G C Y A Y X A B A E X A R T B U W
S D Ñ V O U Y M U P H N Q B C R S T O M
F Y O W F H T H Q P R G A C O R A L Q Y
U O P S C D N O S S L O E L I D I O M A
```

| | |
|---|---|
| **BIO** | **EN COLÈRE** |
| **LE LOISIR** | **MINUTIEUX** |
| **L'ANNÉE** | **LE NORD** |
| **LA GAMME** | **ORANGE** |
| **LA LANGUE** | **RUGUEUX** |
| **L'ESCARGOT** | **SE CONNECTER** |
| **LE ROCHER** | **LE CIEL** |

```
O X Y X R V X H Z K P Y Q L B Q J N E I
M S J F K R C V H A Y E L D A E Q E L Z
P X O V F R E D E L Y O A Y L U Q R A S
X K W I K H P E L H O S P I T A L A P X
O D H C L Q K W J R L L A T Z X H N R N
E F M V K A B Y A L U A R G H L P I O H
J S T S X E V Y B D Z I E G E U Z M F Z
E G A V H D A C O J L M D B A B P I U R
R N Y T M O Y O N I L A U K L V F L N V
C X R F S D J X Z V C G R E A E Q E D E
I O J A B A J Y M J E E A L R L D A I E
T U P V F L I S J E R N Y V E É A R D P
A L P T E O G S T L F Q L Z U C E A A R
R M O T L R Q B U F I L T D N T N P D O
F T H M Y T N E M T S M C U I R W B T J
C P I I S O X S F H N O T I Ó I Q O V L
G J X I B L M T X P R E E B N C Q J I Z
Y N J N C A A X G R Q E Z Y R O G I M P
Q P R Z M Q Q C E O R F V K X X K E L V
F P A B H X F R D J D E P I R W P I E D
```

**ENTHOUSIASTE**
**ÉLECTRIQUE**
**L'IMAGE**
**LA RÉUNION**
**À TRAVERS**
**S'EXERCER**
**SOUS**

**LE SAVON**
**L'HÔPITAL**
**COURIR**
**RETIRER**
**PRÉCIEUX**
**LE MUR**
**LA PROFONDEUR**

```
D Y V P F Q R A E T A P H U A T L F X Z
F I A R A C A L V G A U X W A T H Y R E
F Y L A C Á R C E L I V M Q O W Y X E U
V E K I T I U Z H I N G C X I W Z Q Y I
D V X J Z V I G A Q S G A H R C V J Y N
B S Z I N U G I X C C B A N O V S V G E
S P C X A T N C J C C Y L W T J I G A F
O X B N Z P C N K N E V D F C E X I O N
E B H Z R I S P R C U C U H A O X E E P
L N O S O U T C E F E D W R F C M T T Y
Q N A V C P N L G O L U V U S B I N N C
N S C X W O R U L F X L D C I T L E E O
U A G L J H T U X C I U H L T F D I G N
L Q D J K P C A G X Z O R R A L E U I T
H E S J R Í J D B R B B I R S I N G L E
F T V M T A R V B L O V L O P L E I E N
C A G R J G F X R N I J C G P K I S T E
L G A A X K Y G S N A S V I M A H O N R
Q L X E L C R I M E N B L U F Y Q F I U
E F R L O Q X U Y M I X B E A C R W I J
```

SUIVANT

LA FACE

LA PRISON

L'ARTICLE

SATISFAISANT

LE SIFFLET

CONTENIR

DÉFECTUEUX

LE RIZ

GÉANT

LE CRIME

INTELLIGENT

DONNER UN COUP DE PIED

LA POUDRE

```
U V V G Y B E O T O M E R R E T L E G I
T H N J I G Y Q O I V G G F N L E O L T
V G R I R B U C S E D A R A P G E M I R
P H P I M R J F A F N Q G T U H S E X R
M T B O J I B P I Z O R J Q K O G L K V
A Y G D E S N F F R T A N U J P S D J T
E B Y A F E R Q X Y C T I E U P F I O F
O Z Q L Z N R E S I U N L R N V R N L L
V A I U I O B O T W D U I E J P B O E Q
H G G D Z Ñ W Y K I O P R R I V B S R O
G X R N O A I G H S R A L Y X Z M A L B
F R C O T R Y Y V S P A L Y E U D U E Y
V J T B Q T A J R R L Y R H B H A R D B
I T Z H C X I J R D E L U S B U E I Q Z
Q V A I Z E H N Á A I Q F P E L J O G B
X L Q Z W I J S Z P X L W I M G B B A K
S H W X T P K G H O L K U U E S Q S U O
D B W A I T G E F L I E N V W W N K U D
U F D N L O N U V Q D D R G V H D R C T
W Z C Q H D F W N F O U X F D W L B N X
```

LA MONTRE

LOIN

IMPAIR

LE MONDE

L'OISEAU

PARTIR À LA RETRAITE

GÉMIR

VOULOIR

POINTER

LE PRODUIT

DÉCOUVRIR

LE TREMBLEMENT DE TERRE

LE DINOSAURE

FRISÉ

```
N F J E U B W W E V F R A A L T D N R Q
Ó I I W W C O Z O R V E T L L Z U B R V
I Q A A Z O Y Í T Y U I N L K O L P J L
C V G C C N U N R E E V U E B M W K H T
A S R D J C E W L L G T G R U E L S Q Z
C W A G F U L J H T E H E T M O X W E H
I E D G Q R L Z O S I H R S A I X F U A
N Q E R F V Í L L V B T P E P K G V L R
U V C D P A Q F C M Z Q A A B H M T Q O
M H E O I S U Q O A Z J L L B K V X D D
O R R E U S I R A W N N W K O R Y S A T
C Q Q V J R D N B L Q Q F K M C M P F F
E Y I S M S O B W P B A P E S A R D E R
D J N K F O S W C E U E A N E G R O S C
S Q M S J F R Á P I D O I Q Q Z R S A C
O V L M I B O D I Z E C E N E A I M T C
I S L E H A W R O F U K Y T A V P A F H
D O N E L L H K N Y K Z J Z H L W H F N
E I L F A K A V S S X O E I I B N K X J
M S Z H O L L A B A C L E O E S F L K Z
```

| | |
|---|---|
| **REMERCIER** | **LE BROUILLARD** |
| **COMPLET** | **LA RIVIÈRE** |
| **LA QUESTION** | **LARGE** |
| **LE LIQUIDE** | **NOIR** |
| **COURBÉE** | **LES MÉDIA** |
| **MALGRÉ** | **LE CHEVAL** |
| **L'ÉTOILE** | **RAPIDE** |

```
D O B Y N Z A D A M M Y X V E U V C W B
B T E Y N U B L A D O E H L W L H J H Y
Y N N H O J D L Z F T A P T D V C Q X D
H E G A D K Q A Z Q Q E O S O V U Y K F
E M C C D I A M E T S K I E I F S A E O
F U D E E O D I L O O S A K O W S M Q D
X G U R S R T N O B J R T N V P G D K R
H R S L C R H A L U J Q R T M H K V A I
R A C E U A C L O Y K O W W Y Q N R I M
Y L C C I V A E R D H R P T W I O G M I
C E Q O D Q W C S L F X E R W J U L V U
F Q J S A Z H E E L U G P L E F L H E U
X U O Q D Z B A O Z D D T M V K V W S H
L J S U O R E L P L Z R J A M I E X Q U
J W C I D S Q A X O N P L H P L D I J U
R Q T L F F X L G X P D J R Q N Z E I I
G Y A L R H S E X E L B A D A R G A O V
D L M A S F E N E R G É T I C O Q B F Y
P T V S N R R A T O L P X E E N B B Y X
W K T J I N P I C V A C W O E A S N C B
```

| | |
|---|---|
| **AMÉLIORER** | **AGRÉABLE** |
| **L'AILE** | **ÉNERGIQUE** |
| **L'ODEUR** | **LA VIDÉO** |
| **LE FOUR** | **LE POIDS** |
| **IMPRUDENT** | **NUAGEUX** |
| **CHATOUILLER** | **L'ARGUMENT** |
| **EXPLOSER** | **L'ANIMAL** |

# 41

```
M K A L K F K M T T P R Ó X I M O Z A K
J I X J C I K J A Y Q V T C U R P A N O
K D N O M S C Y S U W C N M T O E H E M
J B A R R I B A Y M Y A E G K G W R V P
E U A U J Q M Y M A M T U P T Z G J O U
E E M W R J R C T K P V B W W B M R J A
G K E G N E O T K O O S O R E D O P M R
L G O X E T J Y T I H R I K G X C P E E
A N P X X S S W H J C R P C J Y J R M U
E Q L J C D I D R L C E H G R T A O S G
S I E H T K C M G H R T H K B T A O O N
T V I U A E D L I W R J R A N X T D I A
R J A O E U L J X I O C T E M N N L E M
A O P U H D V C E X X I M Z J X D L N A
T N Q B S F E E A L R U L M V Q D V M L
E U J U H E R N K N G X W Y I O O Q X Z
G Y T O C M T U D R A Y D K N T A E Y C
I V C F J Q G R A E P L O G G B G S M A
A K Y S Q Q J R I M L A C Á M A R A V G
U E F U L S X C G J J T L A C L A V E M
```

| EXPLOSER | LE CADEAU |
|---|---|
| JEUNE | REMUER |
| LA CHAÎNE | SE DISPUTER |
| PUISSANT | LA STRATÉGIE |
| L'APPAREIL PHOTO | LA CLÉ |
| SUIVANT | EN HAUT |
| LE TUYAU D'ARROSAGE | LE POÈME |

```
G K O E V T T C H O X Q D A T I M A L N
T W T L L L A E D U C A C I Ó N M O P K
Y E R Q H J B U R X W A D I D K J W A C
Z X E K M D U C N S V E R C V P L X D N
J T U Y I N O G B Y E R I G W O U X E M
S R P M J Q H Z A L F S W V O C U R S A
F A O E S K P W E D T Y G K D Z C X N X
K Ñ R R Q N T J N N O E D O J G C T U A
E O E Q B V E X B O O R E G Q K N X D B
U N A Y R M E Z C L A R T L O I Q U A L
S G L J P G P I X F J N N F H K D H R O
J N E L R X M I I R K G A P X A N N S A
D Z O V O E Q Y X V X K M E R W W Z E Z
F V J L W T M Z Y D B O A G E D U T X U
O R U C S O Ú A O J D J I H Y F C L Z L
G B X N O T Z F L J J D D T O M Z U R E
H D P G I M C D Z W L K L T A W E U I Y
Y V F L V S J W E V L E E V J T M J T I
B T Z A C L J Y M N L O G H O I G G P Q
V R H V J Z B E W J M U S I V T O K Z O
```

L'ÉDUCATION          UTILE
LE DIAMANT           L'EXEMPLE
RARE                 SE DÉSHABILLER
BLEU                 LÉCHER
LE MILIEU            LE JOUEUR
DOUTER               L'AÉROPORT
MÉLANGER             SOMBRE

```
V N B D O B C R P F Y A X D S V E X E A
U P O I L W A D J U N T A R J P X A L P
O W P H U O A P G U J Z B E R U U J D Y
O D R V C R S X C L E L B A C L E M I K
D F K J V A G O Q Z S T Y P M M L B S B
A C Q R D Z W P P Y Y A N A B A J O E G
R J W N L A C J P S N W L E K C W Y Ñ C
G K F J Z L D R V X E N M B U F C S O L
L Z H W Y P P U X O W L I R H P B J Q O
E D T B K M V P I S W Z E X M Q L V X D
V Y W I F E O M F C A R A N U L H E D A
A M A A B E S O W S A R T D R I T L B V
M J M A V R T V Y O J L E P Z K X F P I
M V Y X E A U A M F W Q T J P U C G J R
X O F Q X R F X G V Y L U Y I E I L Z P
J O S S B A A Y V P S S G Q I T K A I N
F Z V W T P J T Y R I J U C Y C S S A T
L J V V H E C V A E U D O W D E E A D H
Q K R C P Q J D Z L S A Q H B O V L L G
S R E P Q O R Y M Y X V E A C S O M A L
```

<table>
<tr><td>PRIVÉ</td><td>DESSOUS</td></tr>
<tr><td>LA NOTE</td><td>REMPLACER</td></tr>
<tr><td>LA VILLE</td><td>LA MOUCHE</td></tr>
<tr><td>ATTACHER</td><td>LE MARI</td></tr>
<tr><td>LE SEL</td><td>LES CISEAUX</td></tr>
<tr><td>LE PONT</td><td>LE CABLE</td></tr>
<tr><td>LA CONCEPTION</td><td>LES DEVOIRS</td></tr>
</table>

```
R N D X L B U H P X J S O L S X G C R K
A I A H I A V D O J S X K S M A Q S I C
N S D R A W N R H R F U H L J I E W F F
O O I L H Z P O Q H C V I S L R O I B G
I X L Z M P U G V D I I Q R M A Y R U T
C T I C A U K V T I P O N B Y N E B Y B
R W B C Y I N E G R A Y X G S C W V U V
O O A M O B Z D K L K P W O E L A L E Y
P F S A T R J S N A J R E N M N A X L X
O A N G N R X É B I Y Y E R D I I K J M
R M O N E F Z V I G C T K G C P U O O L
P O P Í M E F A L L R S I G E L I B S Y
A S S F O E G R O E D J Y W Y V W I Y O
R O E I M P I T P S B W V P D R G L A L
A R R C L U K A D I O C K F P L J R U R
P R A O E Y D U R A N Z N G Q S R Y E M
Y M L K Z L E G S L I S C J Q J Y M J D
M P F O A G O A U F T B H A B I O L L A
O T C E F R E P C M O E O Q I C L W W N
F Q W Y S F Q M I Z K F L K P R Q B Y Q
```

| | |
|---|---|
| L'ÉGLISE | MAGNIFIQUE |
| CÉLÈBRE | JOLI |
| LE MOMENT | LA PETITE AMIE |
| APPARTENIR | PARFAIT |
| LA RESPONSABILITÉ | À TRAVERS |
| LA LOI | MANGER |
| SE PERMETTRE | SPIRITUEL |

```
Y F R G Q C W U K P U M W P S B L Z A D
Q U Z O M I J W L F B I L U O I G Y Í B
S E H A D M J Y S T U D B U E M Q W G B
A L G Z A O M N K F V R R N R V O U O L
W B Q U F Z J E I E M K D Q J A U I L R
U O L E L H N T H E F R Y K O B Y B O K
O L X L Q Y P N N M L U R W U R L A N Q
U S S S N J O E K G D B E N C I M A C R
X I K E L M H L O V B S A S U R Q N E P
V L W L L N R E S V M R L M Q X T L T A
S L H L U B X C V Y E I B Z A A C Z A R
Z O P O P I N X Z Z A R E D N A B A L A
R Y E C Q L R E U O M N L T M Y R F P D
N F L A S E R P I E N T E I Y U O M W E
M A P W V K F G A D E Q N E Z J U N M C
V Y O D C Y O J W D W O D M S N E G G O
P W S Z C E Q O U V D X W W L L P A G R
S A T P O D A C I T S I F O S U U P F A
K Z R O N R O T N E L E Q F S G F G T R
G J E F J C F Y U Q O H X G U H D X W M
```

**LE CACHET**

**LA ROUTE**

**OUVRIR**

**LA TECHNOLOGIE**

**DOUX**

**LA POCHE**

**SOPHISTIQUÉ**

**LE DRAPEAU**

**SUPER**

**SUR**

**L'ENVIRONNEMENT**

**LE DESSERT**

**LE SERPENT**

**DÉCORER**

Y O Q P K E A F Y S A X H J S Q C B U G
L S I D R D E A Z H P H Z O D A B C Ý L
X A H U H B X B X Y I O C R I H V G Q J
L G B A N H T X L U T I F W J D T E X O
H M I O Z O F E A N T B M H P W O M X D
I O K L M F D D N Á H M A X W S A P T O
A L B O F B X D M F T A O B O K X V U M
A H K C T R A O U V P T M H T Q Z A W A
A Y I O K C T N H R F D O B J Y Z A V R
J R L L C U Z M A Y R M M O H D V O A P
A D A V A G L J G W X G P X H B I W R Y
G D P H N Ó I C I S O P A L H G C O U M
O W O H C Z V P U X N Y D K H P F U T O
N M U R P U O Q J K K K G G T U O E I T
A B J Q A T C V G N G J K L N F Z D A K
I V F S H B P A E M X C G D F F G S T X
X G C Z U I L D L C U S O T A A I E V X
U N D X U Y O E L C L I M A H J U D U F
P Ú R P U R A R A V E L L Q O G R J B J
V Q H V A B Q B M U M Q O R R E P L E Y

**ADORABLE**

**LA CUILLÈRE**

**PROFOND**

**MOISI**

**LA POMPE**

**AUTOMATIQUE**

**PORTER**

**LE CHIEN**

**VIOLET**

**LA MÉTÉO**

**FOU**

**DEPUIS**

**APPRIVOISER**

**LA POSITION**

```
Q I R G J M G L P R N L D P O I Q P C O
Q Y N S M Z J H N I X X T V M E S N U R
I Q U S Q M S L O T A R A R T N E U B E
M Y R J A F A C F N F T A M B I G U O L
X Q L Z T L C K I N D K N H R K Q N Z Á
F Y Z V L S S T W F R O E L V I R U S N
V W E U B A R O R Y X O P Q U V W P K G
H D V C K O S A M U E O Q Q Z R K Z A U
K I K D C A R H I N T E L I G E N T E L
A L Y A I Y K I O J R A R E M A V T Y O
R A L I A B L D Z P S Q A P P K L G V L
P Y I M E T R T R B W A X A X L C E I T
R L S L B E O J A U O E L T H Y E C K F
X G E J U P E Z X K F U L T Y S Á M B X
X R D C E B Q A D M V A N P A F S P D G
B H A H F G P G E J W U F M V R T S L E
D L O S Q R U Z K L J M P E T Q O N Z X
E S E S P O N J O S O P E C U L I A R X
I S O Y L C T O M X V V O F L X G A M J
V F A D X S S N X G F P B J E Q U U N G
```

| | |
|---|---|
| **EXCENTRIQUE** | **L'ACCORD** |
| **LA PLUIE** | **DANSER** |
| **LES CHEVEUX** | **LE RIDEAU** |
| **ENTRER** | **AMBIGUË** |
| **SAGE** | **SAUTER** |
| **L'ANGLE** | **LE VIRUS** |
| **FACILE** | **DUVETEUX** |

```
K B K H T T I C K T E F M A P Y R Q K A
P N Ó I C N E V N I A L P E L B A Ñ O Y
D J T C P P N F I G N R J W S Q F F T L
E P J B N B L F D F O E A O J D N P J A
V P R A R Y B A Q B U R R T G I Y R Y P
M A H U D O D T A C G N K T K U M D E A
B W P I F E B R J S R X I V L R Y H A R
T O P J N K T Y D S L S F R C E I K I T
J W T T D W P N P A R A E M P A C A R E
D J R H O B U O A I M P O G J A W J G D
C O D J X K X B R G L W G H M P W I M E
E H Q O K V N E D C E U A U C O N U V A
K I A S R Q H V L P Z L B S K N R N V T
L G I O B S O A J V F H E U C D A T L R
X M Q I K T N R A T S U G S I D R V E Á
D F H C T E C W G Z S O V C J B Z U P S
F Y Q A P J F N O Z R U Q T Y E R O D T
E I G R H R B T Y D J A B P B D U H P T
B P W G I C I Q O Z B U J F F J E F X U
P N P E C J Q V R F R N M T J Q O I K U
```

**LE BAIN**

**HILARANT**

**BLESSER**

**FAIRE SES VALISES**

**APPROUVER**

**L'INVENTION**

**À L'INTÉRIEUR**

**L'ARRIÈRE**

**FANTAISIE**

**NE PAS AIMER**

**LE TRAIN**

**GRAISSE**

**LARGE**

**JOINDRE**

```
O R Y T W T O O E J M W W Y U V N C L L
D Q D M B X Z V P B O U R P Q P I P M S
A R E T R E V A R A P C H L I R X X H O
T O W A G C E K D S G Q U N A V C V Q F
S R N E M U L O V L E G R S B O B L V
E Y A I W Q V E L R E F R E S C O A T C
R F O Y P C E D D Q A B R R Y D O C A R
P V C R J E S T V Q N R O G C P S P A K
R H E X L L T G Z L P O X L I L U Q F Y
I F L W I A I L M V O P O N I I E H Y L
D B A A V B D A P L A T I E N D A F X Q
E E H O E U O S U F P Ó V C N T C E G N
P D C U L R M E X V N N K O V F V M I G
Y A L N C B M G J D M F V U T N Z E O O
X R E I N U Q U U C P N Y J L L Q N P D
H U A X Y J G R Q C B X L V U A D I C F
D A I T N A D I P P G N V K B K S N Z H
A I B I S Y S D R D U L D M T V F O P F
T O I J V E W A V C W T N H R C T P P H
J D J L B X R D G X M E N Y U K K V Q A
```

| | |
|---|---|
| LE MAGASIN | LA SÉCURITÉ |
| SOUSTRAIRE | LE VOLUME |
| EMPRUNTER | LA ROBE |
| VERSER | LA BOISSON GAZÉIFIÉE |
| FEMME | LA BULLE |
| LA SOUPE | LA BOUCHE |
| LE GILET | L'OPINION |

```
C F N S H S O W E Z W I R F D D F X O H
M M M P H E F X Y E L A N I L L O H Y S
D T R D D V Y N D B E W G O S M E J Z N
Z E T F V M Z B Z X L A M B O Y F O A S
P I R S E Z N D C B Q F F W I Q R K U A
G E A L B H R E G C U T Q E H V A S B V
B M W A K O L E V I E L M L E J N B V T
G V W U S E A S P W S R I C A M I M B O
H T O L N N P B H A O N V J Q P G B H J
U H R T I D C L V S R T O Z E X A U F U
P X E R J M M Q R R S A K Q D B M R Y K
A H M C O N T E S T A R R Q V V I W T T
R U Ú M E J O R Q A R U T A I R C A L E
D H N C J L U C B F R P P R T D I V R B
Q S L I G E B K O G T V K Z L Q D C B A
J V E T A E P E I M T W F V J F Q J L J
Q J L I M P I O D P E R M I T I R P V E
M R L I B E R A R N O I N R J D J H N G
C V M R T G V S H K E I S Z O F E C E Y
A G S D X X X B K J C N N S Z B Q L Z Q
```

| | |
|---|---|
| LE NOMBRE | IMAGINER |
| LE FROMAGE | FRAGILE |
| EXCELLENT | LIBÉRER |
| LA CRÉATURE | RÉPONDRE |
| LA PARTIE | AUTORISER |
| L'ANNEAU | MEILLEUR |
| RÉPARER | SOIGNÉ |

```
T M Y Y E O T O F A L K X O M O I I C A
V D Y O K O A Z R O G H X N S D F T I O
K U Z X I C Q R T I D E P R R P L C A D
D U T I N I J Y M Z S A A K O L A L Z I
E Z V T G G M M A Z C O T S Y H A S W G
L X J K G Ó P V F L V B O S A P B T F F
N L X N O L D W C A Z R B B U O E Q Y X
N S I I Y O M Q H G E L I E P J A D C O
I D O V T O O X V U N Y R E M Q A E R H
S N L R A Z V E Q I Q T B V U L H L Q M
U V V D I L I S A T A E L E K Q J H M F
C Z J X C E A P V A A L T Q B B S U Y A
P P M R N I R B Y R E O G E W A P E Q E
U Z D P Q I T N N R C Y M S D A N S B S
I L E H L L B E O A E L A V I Ó N O C Q
B P R Ñ M B Y O T S A L L I M E S A L C
Z P R O I R E T N I A P O R A L B G M P
U X B F B N J M O N P X X A Z M G F L G
N S T N B Q A N B N G N B D M E Z P H C
V H X O J I V L E L F R U T O R T H P O
```

| | |
|---|---|
| **LA GRAINE** | **VERS** |
| **LA GUITARE** | **LA PORTE** |
| **L'AVION** | **SALE** |
| **SERRÉ** | **LA PHOTO** |
| **LE ZOO** | **LE SOUS-VETEMENT** |
| **LE FRUIT** | **SOURIRE** |
| **L'OS** | **L'ENFANCE** |

# 52

```
K L K N Y E Z K I U B Y T P U R O M E C
R T X N U M E R O S O B T W T C X P E M
V E T N Q Q D S M Z A E Y K N T X J T N
P C S H E L T N A C I F L A Y S O S P B
A O G J J L R U F N Y Y L T F L D V R Q
R G I I X F C P H D D B L Z Í V A F S U
A H I E T H V L M A R Z S A V O S N R D
C J B P S Y T K I A G B C G Q E N L O N
A A N E X T N T I E V Q G R Z Q A E T L
S Q O W D N R C I W N H P I B O C K I T
T G M L O J O O L I B T T O P N T C R M
I D E A T R K A P J S T E O A P G X C B
G Q R D N X D Z T E E V R O O W Y Q S Q
A E P D E D S L Z N A T U Z P Z L E E P
R K U B Y L R Z B Q U R I E L P O L L O
F C S Y G Q N L M N E L L I G Á R F E Q
G K Z D F P D M I M Z N J Z R B Z L T Y
L Z L Q O X B D O A G L M B N X E U J B
J T Y S M Z A K T R G E D P P P K L J Y
W D N Q Z D L V C Z L S K R U R Q I H Y
```

| | |
|---|---|
| AIGRE | NOMBREUX |
| VAPORISER | LA CHANCE |
| GÂCHER | FRAGILE |
| BLANC | L'ONCLE |
| LE POULET | PUNIR |
| FATIGUÉ | SUPRÊME |
| L'ÉCRIVAIN | LE CONSOMMATEUR |

## 53

```
L K E P O D A C S E P L E F M Z Z Q O L
A I M P R E S I O N A N T E A N H S S A
N O C R I J Y P C N Q B R K U J B I Y T
P Q G R U Ñ Ó N C H W N G J V P I Y H E
Y O A V E U C A L J B L Z C L E O J T G
F E S H Y V A N V M B Y X Y H T I Y I E
D H Y X K L P P H U T E S K Y N C J X V
T I M D P H M O P Y M D H B O E A B D L
T D Z C R J A H T I W S S M A M P A L E
W X Y Y A S R A U M W É C H P E S I A V
O E X D D R T W P I I V A Z C D E L I O
C L J R E A R U L M S A F L C R L I N G
I H E J P L E S A W L R F W K A E M S E
Z U O W F G C G I F D T B B B D B O A I Z
Q E N J B Z A V C K I A K W V O Z F G S
B V O E H E H U E L Q B Q V Z C Y A N M
P O M P U L H V P T A T A R A L K L I X
V V D L V M H A S J Q B H K M V J L A S
K D R Y A M X J E I I L E U Q Q V F M T
G X L H T W L Z S S V T I T R A E V T A
```

<table>
<tr><td>LE RAT</td><td>LA CAVE</td></tr>
<tr><td>TRICHER</td><td>LE LÉGUME</td></tr>
<tr><td>LE POISSON</td><td>SPÉCIAL</td></tr>
<tr><td>GÉNIAL</td><td>L'INSIGNE</td></tr>
<tr><td>LA FAMILLE</td><td>GRINCHEUX</td></tr>
<tr><td>L'ŒUF</td><td>LÂCHE</td></tr>
<tr><td>L'ESPACE</td><td>VIA</td></tr>
</table>

```
N O X T Q B J J M A N J X J Y K N O F T
I S X E L F U N E R A L M Y N U O I B H
V X G N Z T R E R H O P I S I W C R O M
X C V E G I A B A T H H D W N F R A Y C
J C Z A L A T R A D I C I Ó N I T T J P
I J K H I K E D C H U B Q D D O O E D P
C O M C N B U S S K M O C N C D B I I H
D C D R J L D Y R O L Q U S P E B P P X
J U A B H S S T J M L F Z S D X Y O S Y
C T M Q M G I A F I A C C F J M E R O K
Y A U S Y R B H V R A K M M M P W P T U
C D H O L A O Y A O C C I E K X K L M A
D L E Ñ J U R P N S T C H H C W B E Q V
A T A A J N I L A S I T U A C I Ó N C Q
D L M M V G R F M O V U Q K K I G B D W
U M A A P H K G P D I X U B L A M E S A
I G B T J U A E A E D F P U N O T Z M X
C Q L L L K F V D M A N N Q B O C I D Z
A I E E O A L E D Ú D V C W O U F R Í O
L Q Y Z S I M F O H U O D Z O G B A X D
```

| | |
|---|---|
| **LA TABLE** | **LE PROPRIÉTAIRE** |
| **LA TRADITION** | **L'ACTIVITÉ** |
| **FONDRE** | **BAS** |
| **HUMIDE** | **LA TAILLE** |
| **LA VILLE** | **LAID** |
| **LES FUNÉRAILLES** | **LA SITUATION** |
| **FROID** | **TYPE** |

```
A E K R L A B A T A L L A C W R X S X N
H M O L P T T C M D T G F E Y U V X M D
F R K D D I K G W O M S H C Z B S O R H
H C P F F O U G S A D L G I E Z J U X E
D P A U X O R M R O K I Y L P I U D T U
Z D X A B V Z A P Q Z O T H V D Z I Q A
S B A Q D L V O Q A C S G R L R E F X R
B H T E C I I I L V Q W X O E C N V F K
V K A N L T F C U Q A V A R A V C G B G
A S K L P G O E A G A F O L X R I I W W
P E O K C H Q N R R Y S E P H N B D U R
A S W A Ó Z E W W E D R R D I W T L W P
O F Y L M C F O G A N Y R G R C N B E B
E K I B A A T V F V P C F H E N A G D L
H C U L S F C U U Y E Y I E G O N N F G
O D R A O O O A M T E D F A H Z Q V T J
G J A U A L K S L E L G V V D I E P G E
J K Y H V Y M F K D N E V V J E W A U Y
P L A C O S T A L S R O T L B W G Y X Q
T R U G E H C O N A L F S M Q Q O L D A
```

| | |
|---|---|
| LA CÔTE | POSTER |
| DRÔLE | CONTRAIREMENT À |
| ÉPICÉ | LE DÎNER |
| MERVEILLEUX | MOINS |
| ALCOOLIQUE | L'HUILE |
| REGARDER | LA BATAILLE |
| LA NUIT | LE LIT |

V N Z P H Q F T D J H Y S X F G J L J K
B D A B F R J W I Y H B N F U D A L F F
E X N I B O I R A I D A T S G E D B E B
J M H Y M E L P R E C I O E C E N U X I
S L Y A G W N F G A Q S M E G L R D D X
E B W J R Y J Q G O B Q V A F M R Z R C
Y G V V S U F U X G O G V G Q A C A V G
K Y I T Z Z T G E Q M Y W E D T M R M P
Y P W E Q C I L R I J X G D X R A E K S
K Z R M R R W D A M Q B A O Q I D L Z E
U H A R A Y E E E A O E R B J M U A S J
C E O R G N Z P B T L S L A V O R C U X
S V N W H P H R H N R A O L D N O S Z C
O T R E U P L E D G Y Á C R Q I F E C G
A T Y P E H S U D W C F S B O O M A F U
S E T N E I D E D A T S A P A L P L L S
L J X Y Q A L O L A R G O D E E B T W J
B W Q X L A R H Z A C S K Y H M C M M I
A S E W N O W G L D I Q U Y L P Q E E Q
Z D A F A K K R A C A P M E S E D T U T

| | |
|---|---|
| MÛR | DÉBALLER |
| TOURNER | LE PRIX |
| LE DENTIFRICE | LA CAVE |
| DERRIÈRE | LE PORT |
| LE LONG DE | PRÉCAIRE |
| GRATTER | QUOTIDIEN |
| L'ÉCHELLE | LE MARIAGE |

```
O P U R G L E J S H N U M U C F O T D E
R A T I R G N Q A P O R A L W D T E G I
L D L C U D X D N F Y Y G J J I R K O P
Z C O N C E N T R A R S E B K S A Z A Q
V V L O R W I X F O O B C J R P U D Q O
Y N B U K R U P I J D V B P I O C V C I
B J Z A P G F Y Y D P X N N X N L G N Z
Z X N P L J K C P L B D N H N I E Z Q W
H U B D T E R P U W V B V O D B V M H Q
A T S I V E R A L U U B O E N L M R F I
R L G I G V Y W O X H U S F R E M T E Q
V H I U N C R Q M N R A V A V P Q P X A
R D P B J L P N N N P X L M P H Z W P N
E L E B A O T K G R O L M R V Y K N P T
M F L S R D Y F O Z A K Y E J V H C T E
A O D F P L Z B V F A O C X U H C C C S
P V E R G G A X A R I D S R T Q V W K E
X H S V Z R E L T R I A N G U L O K G M
I M E L Y B I N A C L O V L E C J V I T
O K O L G O N R A N O I S E R P A R A P
```

| | |
|---|---|
| **DÉSAPPROUVER** | **PRESSER** |
| **L'ÉCHEC** | **SE CONCENTRER** |
| **LE TRIANGLE** | **AVANT** |
| **LES VETEMENTS** | **LE VOLCAN** |
| **LE SOUHAIT** | **LE QUARTIER** |
| **LE MAGAZINE** | **CRIER** |
| **LE GROUPE** | **DISPONIBLE** |

N A D E Y E Z W E O H E U U D C J O B I
R X Y H T Y S D L H Q Z N D K X N N W Z
H R D K L Z I Q C K U R O S Q O Y I Y U
J X A V G T N G E Z S X T P W O H L R B
E M E G B E H H P V D P N R A A G U L V
O M E R Y L O K I O I J E L R Q K C N P
F Q U B H C G X L J P F I O U Y M S A D
A V B G F O A B L V H N V E T Z Q A H C
R V A V X N R O O A G G L N L W L M B E
G R O G R D F G D F Z W E X A E D I N L
Í V E M K U A I E C Y J U D A V Z F A O
L R E S K C L M D G I D N J L E D A P X
O T G F P T G A I O T A G L E M P R P G
B X B Q N O V L E L A D I R E C C I Ó N
L G S Q Y R N E N E Y E J A V L A S C S
E T F I D S O D T J V Q Q S A C T U A R
H A V L C S O I E W J V T P W M N H V X
E U M S M W O Z S R L W H D E W Q N N Y
G K U Y Z S I U V Q B R Z U U D K N O C
X Z I S P A R Y N Ó I X E N O C A L R O

**LA CONNEXION**
**HOMME**
**EFFECTUER**
**LA BROSSE À DENTS**
**SAUVAGE**
**LE STYLO**
**L'AMI**

**LE VENT**
**LA DIRECTION**
**RÉPONDRE**
**LA HAUTEUR**
**SANS-ABRI**
**LE CHAT**
**LE CONDUCTEUR**

```
Z P L G U P O Y K R Z F X R M O U P R J
L Z H P S J R I D E M A R A P S G R N M
A Ñ A P M A C E D A D N E I T A L P P X
V R E K H N B W M P U J W X O P V F Y K
H F F P Q N Ó I C N A C A L N L A D U G
Q Y Q L D P L Z G G R A B A O A P Y X H
J F P H H H I A F I P R F N I G U M D N
E G M H K A X B B L I E J B Q N R P I O
G V E S C A P A R L A M T V M P A A T V
K T H Q A P R M L G I M J N G T R E W C
V P H S J A F A A H O V O Z Z E S Z N S
H Z E X K R R I T S O X N N L C E X E D
H J S Z U A V Y L A I L L T E Y N M F U
Z N I G I M Y Q I J R R W W M D G Z B H
X A N O U E Q U O S L T N P T Y A F R E
R U A X A R M H J A A F A O K J G E Z F
H O S I C E R P M I C T R R S T U H S Q
M X B P E C J C O J A R K T A A T Z Y J
Z Z I X Z E M O D Q S T B E X P L D W H
E Y E Z K R J P B S A R A T I V N I Z G
```

| | |
|---|---|
| **BRILLER** | **INVITER** |
| **AVANCER D'UN PAS** | **MESURER** |
| **SE PRÉCIPITER** | **LA CHANSON** |
| **LA TENTE** | **TRAITER** |
| **LE SOURIRE** | **LA MAISON** |
| **MÉRITER** | **LA DEVISE** |
| **POUR ÉCHAPPER À** | **VAGUE** |

**60**

```
E O D V G N G R H T A G E U G I A H V J
P K W Y B C F X U V M R F L B D W P E H
Q O Ñ E P M E S E D L E U W Z X I T N Y
D S U W Z L E B X G E M M T D A Y K U T
O P C I P B C L R M J W Z L X A P P J P
L F Z L N S L I E L M C S A O E D A A Z
O D A Y V M M G L D B N Y T M R T R T Y
R T E A O T A R A B I Q B T Q C A A E O
O F X L Q L Z C M M W F M T J C K E L X
S M C L U I B E U X S R I G Q P L X A M
O B O Z C S M V T L L I E C E O D P Z A
H P X Z H G U R Y N A T N M I P H L A A
W A T Q E L X A J S E D N H U O K I B P
W W X L E U H X R P I I O E R Q T C Q E
B R F L N F A D Y I U K L T X B C A N X
K B A A F O M M R D O W L A P W O R K P
H Q Z S Y D T R Q M H V I T C V M X V E
J R F G U U C A O P O X C B M G W I T R
Q O O N K A L Y R O K B K R M J D F Z T
W U E G T Y P W N C V D O O H D K T X O
```

| | |
|---|---|
| ARRÊTER, METTRE EN PAUSE | LA CHAUSSURE |
| L'UTILISATEUR | LA TEXTURE |
| PEU COÛTEUX | CHAUD |
| LE BÂTIMENT | REMARQUER |
| BIEN INFORMÉ | EXPLIQUER |
| LA PLAQUE | IMPECCABLE |
| DOULOUREUX | LA PERFORMANCE |

```
E A U T B U L J J Q B H W G I P N R R S
T T J E J C W J B E U O W R D J U B L B
N M A D K F H J L T A N M V E L T E M A
A J J Q Z L H É N Z O B N G L Y C I T K
I A D H V O X M C C Q S E S A K S N L V
D W Y P Z I D J X P V S G L E I S X N Q
U Y O N T A L T T K E O L A N R V T X R
T S S O F R L I G J R N L R T I X T A C
S R M M Q O M L V A D R I E R B V A I C
E T W Á E L S K I R E E N L A J Q U X G
L B V S T H C V D U M Í D I D I E X X E
E J L A A G U J A Z Q R O G A O V E P T
S S K L I A O O E Y V E F I D T L W X Y
K Q B L G I C I Q C O H T O U G W V P H
U H G Á H R I A R V K P U N A I Z O X X
J M Y D J V Y Z Z H M S S N A V N P N C
K M I E M A Q M O A D T A J P M V X W X
H M J E O Z W F H E R D O P M A A Z O L
S V H F Z F Z X V I O T Q M L U N L Q F
Y P E S R C L F Y R H Q C N Z Y S T B U
```

| | |
|---|---|
| L'AIGUILLE | LE GAGNANT |
| L'ÉTUDIANT | BON |
| VERT | LE BEURRE |
| AVEC | LE SUJET |
| LA RELIGION | CHASSER |
| LE BILLET | SOURIR |
| LE SUCCÈS | AU-DELÀ |

```
E H X V S K Q Q Y T I B D O Q D A A R V
E L H W I J B J N U K F D L V L X E C Y
Q G F J R I D U A L P A U U O F Z N Q B
V V C A Z A J P J L Z G O C D I G Í T L
J F I V N W X F U C V V A R Q J M L G L
Y R J Q Z T Q A N Y N L K Í K Z I A W A
R K B A Z I A F J D C M S C D R W L Y F
A L E Í W L D S K H L H H L S T O O Y R
R Q W C L V U X M X H Q Z E L D O S F O
R U A I I N Y T I A I G V A V E Y D A N
A M E L B O R P L E P N H P G J N Z Y T
G M R O Y V E V K F R I I Y R R R S R E
A V R P I U B S Y X S R H H K P I F K R
S J Q A Z I H P V T J U A Y Y L K W F A
X H W L L H D V O Q T L K N U R M U Y A
Y P V M I E E R Q Y T Z E Q N C U A Z H
L W S B G D I R Y D P A Y O O N R G S F
G K W N M A Z J F J S R O L A C L E W O
S E Z U N H X Q O N Y G K A Y J Z J W H
W H V D M L L P A P Y R B M O D E R N O
```

| | |
|---|---|
| **ATTRAPER** | **MODERNE** |
| **APPLAUDIR** | **LE FANTÔME** |
| **ROSE** | **L'HISTOIRE** |
| **LE PISTOLET** | **LA QUEUE** |
| **LE CERCLE** | **LA POLICE** |
| **LE PROBLÈME** | **LA FRONTIÈRE** |
| **LA CHALEUR** | **LA LIGNE** |

```
L F P V I B L M K Z U Z B X N W C V I O
U G O Q A K S M O C Q X Z E S U E W D X
P A D Z M W Y A Q Q N G S D Y H T P P V
O X A P F L Q G M H X U F Z N L R Y W Z
V N C B B I V H M U Y U S C D X A R O X
A Q O U J M S J Q W M Y Y T E I L O C B
H J B P Q D Z P M R W Q L T I A E D A T
H Z N R Q G N Q K J S Q N G F E Z A I E
P A U B S D A X I Y U E Y O U Z A R C M
H Q E P Y R L U Q W R Z R R D C N E N P
K M D M G R R V S E Z T O O U H F G E R
O J O Y F O T J G W U P H L L V A I T A
X U Ñ N D U C L K N V O P F C S O R E N
I L A E T Z E Q A Y O C I A E D J F P O
A Q M T G W I D L H R R D L I W L E M L
N Ú A Y O P O A H R J K S N N I R R O A
H T T C J D E D D E A A O J W S U L C C
A J L N A Y E A Q M W S M M F G C E A U
B M E Y B I J O E V L S P U B O W A L R
S R D H W L R M R E C S Y Y R C Z S F A
```

| | |
|---|---|
| **DEPUIS** | **LE DIRECTEUR** |
| **LA FLEUR** | **TÔT** |
| **LA COMPÉTITION** | **HUMIDE** |
| **DE LA TAILLE D'UNE BOUCHEE** | **DOUX** |
| **L'ART** | **LE RÉFRIGÉRATEUR** |
| **LE SON** | **SOUS** |
| **CHANCEUX** | **LE TRAITEMENT** |

```
T D Y M Y L I R J T G J O O O B D S M E
X B Z I G R F Z V D F I F C R A E Y P I
P N H O S B C P Y Q A M R U O L O H N L
V C O N R E I B O G L E B R I A R O H F
K U H I O C D O R T W T B T D N C Z F O
E R A V E W B Q L K Z R A L J E H Q T T
U R S M A X U M I R N M R E N M O L A X
Q O C G V U M D A Y A G B T P T P B V E
E N I X M H L J N T E Z E O S I P L E T
U M R R V J Q Z G T N L A B R Z P C K N
Q T Y Q B Z T X O E F E L R R C X H R O
N D L P X E Q O A C M E U A B M R Y T C
A K H D G N H Y E F P L E C D A J W A L
P J X E C R X E P I V L O N E O U T J E
L M J A N R E I P A L A O S V S V W T W
E E N Z D K I D H H W C L R D K R A P B
E Y U N S Y Z C F L S A E A C Q Y A L S
O R E X V H C O J U T L Z G V A H S D U
I P O S A O D A L L A T E D I A E R K W
L W Q T B J G W U J X J J S B I R U O B
```

| | |
|---|---|
| L'ASTUCE | LAVER |
| LA JAMBE | LA RUE |
| LA CRÊPE | CALINER |
| LE PLANCHER | IVRE |
| INNOCENT | RÉALISER |
| LE CONTEXTE | LE CÔTÉ |
| LE GOUVERNEMENT | DÉTAILLÉ |

```
D E S O R D E N A D O Q O J O F W G F P
D I Z L A P A L A B R A E D Q L B V V T
L E T I B T H D S B N D K K S A T G I G
V X Q U Z I V I D Q N F P Z T L T T F Y
L U O R E T N I P R A C L E P O Z P W Y
H Y Q E J V O M C Y F P A N L C I O Q E
H P L T O X X A Z Y Y H F G N A C X X V
W W A A T W M R P W U E O K L C S L U Z
E G S Q S U Z O G T M K E P D I B A U A
R E O Z E U P D A V Q J O I D Ó Y D X Q
X Y L F U H A A P V Z L Z G Q N E I P N
U K U A P X R L O C Y G M N K N L F E N
B J C N M L A U F W C S H P F E B E I U
Y K I A I N F C É B E B L E L B A R J A
W A Ó D L U O L I K P P J E U Z D E L E
C J N A E E R A E P Z U X F A Y U N Q M
L W C R O V Z C O T D A Z C K C L C T D
W Q D Q M O A A S K M D E J Y L A I U J
S B Z P R P R L S E G R S O V K S A E J
F G Q C N O M J N I H W V Z L A Q R N V
```

| | |
|---|---|
| **NOUVEAU** | **LA TAXE** |
| **NAGER** | **L'EXAMEN** |
| **LA CALCULATRICE** | **EN BONNE SANTÉ** |
| **LA SOLUTION** | **DÉSORDONNÉ** |
| **LE BÉBÉ** | **LA DIFFÉRENCE** |
| **FORCER** | **L'EMPLACEMENT** |
| **LE MOT** | **LE CHARPENTIER** |

```
Z R C T M E L S A C O R B A T Q V G X G
E F A D V H O D E J A R C A E R A N V A
W S L U N S E T R Q T A T O O R W V E V
N H L Z L J T Z A M M A W L E Y F W H E
L B C A S V C I B T L T J D S N X N L F
H V Y Q U T K O P V T L A L H T Z K H E
K Y F J P K Q M K C A M B P T P Y L C Q
C N H R V Q Z Q R A E N T R V I A Q U G
A W A V L D X V J D M E I V X R L B I H
L Q P Y U N P J L Y F V T E A C T D Q N
L V O M X E D R O A J E O Z R D U F G Z
O S X N B P R C O A E I Ó M S A J O O D
A K M E A G I G Z E Q N Z W Y T L E M D
L C Y B B D E B X X U A E A E C J J W S
N O N N É U N Z L U R L O R C I R W J F
D L P M F G I U Q K W N P O G L O O R U
S F Z L Z K F P M C D G K H I Í I I J Z
B J E V S N E N A N U K Z N G K A F Y O
R E G U L A R N M P F F D G Z D U Z X C
X O E F W B D P Y W C O W A B L U J E S
```

RÉGULIER      LE SAC

ROUGE      LAISSER TOMBER

BANAL      LE POT

LA NEIGE      LA RAISON

LA REINE      EN BOIS

LE FEU      MIGNON

MÉDICAL      L'ÉNERGIE

```
C C A M J Q Q G X T C P O H X X Y B G F
N Ó I M A C L E F J A R U M Q B E A A R
B R I B I R C S E D A R A P C L Y Y M K
O P F A T K K R L I U Q M X C E M X F U
F S G S Z A U Y B U X V O U E J R O C F
W L L R R B G M Q J G A C G X Y L C A U
Q J O O D G A E U P V H O P G A K A A L
L O G Q B C F N X B I G R R P G R U O A
E I Z V T L J L O L I Z G E Y O E E D C
U O Ñ E U Q E P L V A S L Y L I L R Y R
A C Q S X A Y O J L H Í S L R A M I T E
C A D N A F U B A L C D E Y B R V U H M
O C I T C Á R P R U R U W R J G A C K A
Z V D C K T P Y L K C R I A Z P F Q T L
S W E P J Q J A D L K G C O Y M A J F L
I T Z I T X P Q E J O G F U B U E Y I E
Y F S E M E H M I C L X A H O F N A Z R
L L R Y X P D D I F Í C I L L T P U I A
U E M F D L X D G V U O L N I M G I X I
L W T L C R K L X M S W O S X H K B W H
```

| | |
|---|---|
| L'ÉCHARPE | PRÈS |
| LE FILM | DIFFICILE |
| LE MANTEAU | LE SAC |
| LE COUTEAU | LE COU |
| LE CAMION | PETIT |
| LA FERMETURE ÉCLAIR | CHANGER |
| DÉCRIRE | PRATIQUE |

```
M W S D C T J D Z O L Z D A T S X J G A
I W I R U L Q A H W X U R M R B T O N I
E R G N A S A L B R I L L A N T E P Z C
N J P R E Z M C G C L K A E T Y V N E N
A Z L I O L U D A I M S D X L S Z Y T A
L I N E V U J Y C N R L U Z Y O A K E N
M O E L P O R C E N T A J E T F S L B A
L O S M U E B L E S I I G P S E J O P G
E K T F Z F W P S P H X D B I U Q H O A
P A R A D E C I D I R V J A G F Y Z V L
O N Q T U Y U P D L X S M U D Z Q P Y L
M T R Y R T K E F T X P E V Z W O S P D
D U Q K Z D N N A A S T D J D L A Z B N
S S V Q Z V P A R A E M P U J A R T R O
J O X T O F T A I X N Q Y V J C V J O C
B H H L O Z Z Q V U G M T T Z F E L I Z
Z Q V G W O Y O M U A W A H A D V A T S
F E E X F A N H P I U X Z P U Y L K P O
R S R N J T Q R K A J N F Z K S O A C H
O M J X E K H Y Z B U D W E I K I B U A
```

**LE POURCENTAGE**

**SQUASH**

**POUSSER**

**LE PROFIT**

**DECIDER**

**LES MEUBLES**

**SUR**

**ENVELOPPER**

**LE JOUET**

**CONTENT**

**LE SANG**

**LA QUANTITÉ**

**BRILLANT**

**JEUNE**

```
X C E C U S K C L A T E L E V I S I Ó N
R B E X P J P H I A I Y R F C Q Y P U U
G N N K W Q R W L Z V J A C J E O U X K
B C A A O Z R E E E Q G T H J V U X X S
V P Q K J B J O R O M D N N C P B B E R
Y X R O E Z G Z L F Z W E U G P U S L I
X D L K A D C I X F Z I V S A F T J I B
N I H R U V Q A K F U C N Q H A F V N I
X A D F W X L T C H B M I P W Q O S V H
B E W J V W B A C F H L I H Y E V I I O
N J F D R H H R P W C A X B F X N W T R
G D H C Q V T A K A I B K J P Ú Z L A P
D A C P T D U R B R V O K L T I H A D A
N D A W Q W I E L Y I T Q I W M L M O R
F I P Q U E D A R S E E L K I A S U S A
M L N U Q W S R U L E L V L P W Y Ñ X P
Q A J O Ñ A R T X E H L N A X C A E E T
Y C C V L E G W W T J A J R R O N C A R
R A K U K G R B F G N A X P B T K A U X
Y L D B C X L Y N F I S Y T P X O P D F
```

| LA QUALITÉ | RESTER |
| RONFLER | LE POIGNET |
| INUTILE | EXCLURE |
| INVENTER | ÉTRANGE |
| À FREDONNER | LA TÉLÉVISION |
| LA PAILLE | LA BOUTEILLE |
| LA SANTÉ | L'INVITÉ |

```
N E O D A P U C O E R P S E D R S H I E
G O B Z H Y F T E R P K R D G X F K C R
Y N M X X K P I V O T X O K P E V L A F
Y E I S P Y R L N X A C B M S V A T U O
N U O L E S O A E U I P A K J Q C T A L
R R T D L N M R Y D R H S A B A G N A B
C T H Z H G E E J B O M L F P E H E H Z
T L G E A P D L V O T T E M C X N U E B
H E F G D C I A W U S M I Y D T E U Z S
Y E M A A P O C B N I N V F R L K P G K
D N R X T S P I P X H D B A M T A J I P
K Z V Q G B E Ó K W A D D O V B B Z X B
S A A L D L V N R X L A T U C K Y J E U
E B P W B L V V F C W O W U O M L D K P
Q P U A U V M Q X R R I Z J Y T R B O F
V P R D P C P A W S P W U W R R O T O B
E C O P W A Y P I Q F Y U N N E N U U Y
O M M Z C O L X U N F T V J O W R Q N N
L J Á P N K O Q D D X J J M U X T J P B
F J X S R M B V G T H X M I L B O B Z J
```

| | |
|---|---|
| PLUS | LE GOÛT |
| LA FÉE | L'ENTRÉE |
| LE TONNERRE | CHOQUER |
| LE MOTEUR | LE BATEAU |
| MOYENNE | L'HISTOIRE |
| NONCHALANT | LA POMME DE TERRE |
| CASSÉ | LA RELATION |

# SOLUTIONS

**1**

```
Q K W S A A W D R E Q T W Z S Y D F B V
Q R K U F Z V U A Q H L M D N X E P V Y
L M L O B L Y N D U E X M P G X R Y T C
O F L A E R Y E U I Z K K N X E E M N O
W R H Q Y R B W Y V Z A N M W K C T Q I
L A E S C U E L A O A F S Q P M H N A T
U J A N X R L P P C O M H B Q O O F C C
F A E M I R F A R A X K R Q J L X K K X
R W L L N M S N E D T R I A Q Q I U D S
C A U N X O L A J O S O D F L C Z A Q V
L P X R U R T T K V V N E P P A D R O S
X L D R C E P N Y D O P E O F I A Q T Y
P J Y B G M R E X H E K L T N E P L C L
G J W D W I D V I M F X H U N I R F E E
U H R U U R Q A V M A U M O L P E K F T
O J D M K P G L M B I O Z T X N N L R S
Y G A V T Z B I F Z C O S U L C N I E A
M C N O P T X F M A V L U E J M Y A P P
K G C Z Z F Y A L S U S R E V E M Q M L
Y F O O I R O T I R C S E L E W M P I E
```

**2**

```
R S I J X D Y T U P K S L L A F D X G V
D J C H A N A R B M O S A L E D C N G B
M I Y O N O Z U B L E J S L N H R M Z P
U B T Y S O J V G D Y Y T N V O A I E Y
T I G O D A T L U S E R L E U F K Y R U
K S E J W A M B I P R R J J U K T A Q S
B M L T U A Z H J R Z O G K Q A R A E R
G A T M N E L I D A Y Z V Z P T J N X C
V T E X O E G W K C T M E I N B R C T P
X A C H N T C O W T G N H O V A Y M A F
R R L X W B C M I R L C A C C B T U H
K U A Z A R T N O C O N S A Z X R B F Y
E L D V D C B M A A E J L N X K Q E M M
G T O L C P O B G R D P U S A C L A B P
G Z R G O L K L F K S K L W H P E O A K
Q Y R T N L L D A V A A T B O I I G G L
H F K W F K X E E W E A M D Z I W I I C
A P B X I R P W G C G I E Z J U W G L W
K N S V A W R P L A N R L U M D P T O B
C S G V R U T Y A L R J K X E J T Z T G
```

**3**

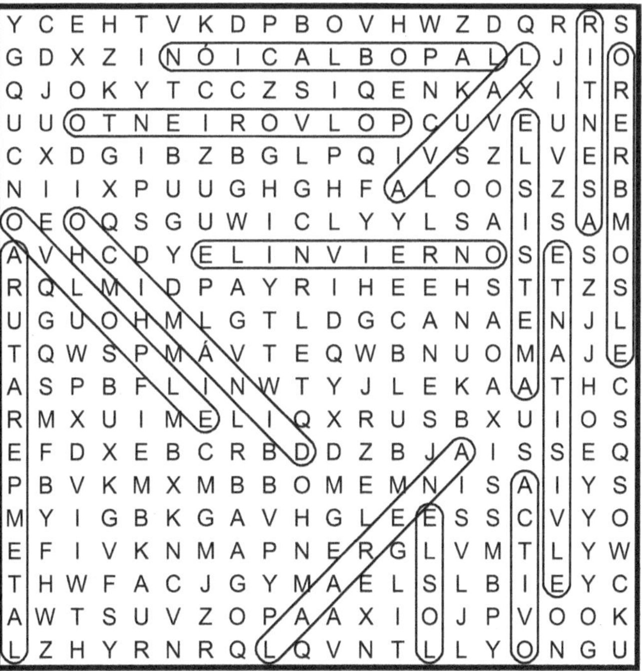

**4**

**5**

```
Q R H W E K N H W U I M N R G Z R F C L
F Q C Q J L J G Y E L P U N H V G W H R
Y U W D N M U G W O Z S S Z M E C E E Q F
V Z Y V N E L M E S T D F T T P M X E V
R A R T S I G E R A R A P U N I H P J E
F A I Z D J E P H T A Z Q P E Q Q X W Q
O P X O K T V X O O O A B D D S F U T H
L R E C Q K F P J P E E I R I W E S C B
A E U B G K A A W S Z C A R C O N D G T
D A C D G K N R I O X U Z E C H G J C A
E K Y I A L H O R Y C M C O A K A P K O
U M R R M M Z L U E X O D M L Y Ñ P E T
D H L I X S O K C H G A D A E A P L S
A O I A N C T F X M S L Q I X S R R V E
Q T T P W J G A X A O P A S P U O A E U
S É U P S E D Q P W M I U R T Á P Ñ R P
D H J O B U X P H Z R Q T W G S R G A O
G L F Y L H O P J H A A N R I Y F K N R
L S Q X O Q E T M K B I X K G U S N O O
A I H S U Y E S Z M A B M O B A L I Q J
```

**6**

```
E A Z A W L C F H E O O W R Z B M I Z Z
S L H G B Y K U J T L V Ñ C B O F I M B
I E X C U J A H P M O C X E Ñ B V N H H
G U O A E B C G I K J W O A U K F B E L
K C R Q T H P L T Z R V R R G O L Q O I
R S K V N C R I C E D T D S A A E E F S
J E D G E W Z A W P X P T P M Z B P I D
F A Z K G U Q W I E K J S A K L Ó M Q W
E L M O A Y F F P P E C D F V J C N M K
L E M U L E C F L A M E D I A N O C H E
I D G L P L I W I K R D O K X R R T N P
N O P S F W V T R A G O F O J U V F F U
T I T F E L I N S T R U M E N T O C A O
E T M E P A R A D I S C U L P A R S E G
R A D Z L R W U M R Y K Q R O G J A Y U
I P X R V S Q A L L I B R A B A L T X M
O L A Q L L A I C B P Q W K B M T W W C
R E O W B Q C B I J J Q G X D L P D Z M
Y E O C B G Z T O V Y Q H Z P T E T E R
Q O D I R R U B A R G L V N G N Q K Y O
```

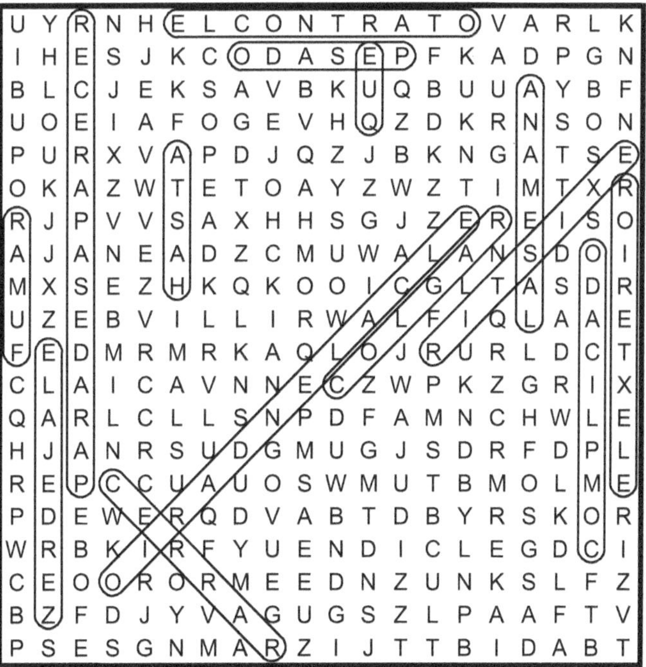

**7**

**8**

**9**

```
L A J A M Y R H O J O L E L V X D Q M S
A K G D B R H R O Y H S S L B V I E Q W
U V Q A L A M Á Q U I N A P C Y T Y P T
N W P E L I G R O S O X I W T S V E O R
I X B S Z M A V Y O R D E N A D O L M U
V W J B M T C N L D Q H C Z Y P D D H R
E X A Q J F E E U B W K H A K W A E M C
R Z L E H O G R U R W O D Y P L R S E O
S O D I A R E L G A U S T V T J E A B N
I W C E Y V L Y O N V J F K R E N S U F
D R I Q N I L K C I O B P K M T I T U U
A B A C C O K K D S F Q G C G H D R I N
D A J I A B X L D E D Z W J H I A E I D
N E O S D I M L A S U C I E D A D D J I
C S O Y C C L I T A T O S A B R O S O R
O O T Y L E T G O F K Z X M E R J Z Y I
M N C G Y R U K X N P E U X W W M G V I
A T R D Q L O K M D C M O H G U D P S M
X H A P I E P Y E E R K M V K H K X T W
H P B E F D H J D E M D R D T P T U Z B
```

**10**

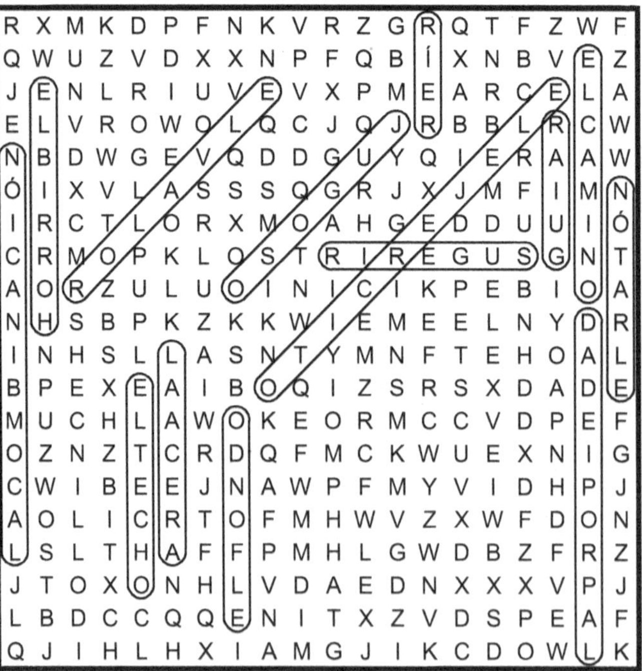

```
R X M K D P F N K V R Z G R Q T F Z W F
Q W U Z V D X X N P F Q B Í X N B V E Z
J E N L R I U V E V X P M E A R C E L A
E L V R O W O L Q C J Q J R B B L R C W
N B D W G E V Q D D G U Y Q I E R A A W
Ó I X V L A S S S O G R J X J M F I M N
I R C T L O R X M O A H G E D D U U I Ó
C R M O P K L O S T R I R E G U S G N T
A O R Z U L U O I N I C I K P E B I O A
N H S B P K Z K K W I E M E E L N Y D R
I N H S L L A S N T Y M N F T E H O A L
B P E X E A I B O Q I Z S R S X D A D E
M U C H L A W O K E O R M C C V D P E F
O Z N Z T C R D Q F M C K W U E X N I G
C W I B E E J N A W P F M Y V I D H P J
A O L I C R T O F M H W V Z X W F D O N
L S L T H A F F P M H L G W D B Z F R Z
J T O X O N H L V D A E D N X X X V P J
L B D C C Q Q E N I T X Z V D S P E A F
Q J I H L H X I A M G J I K C D O W L K
```

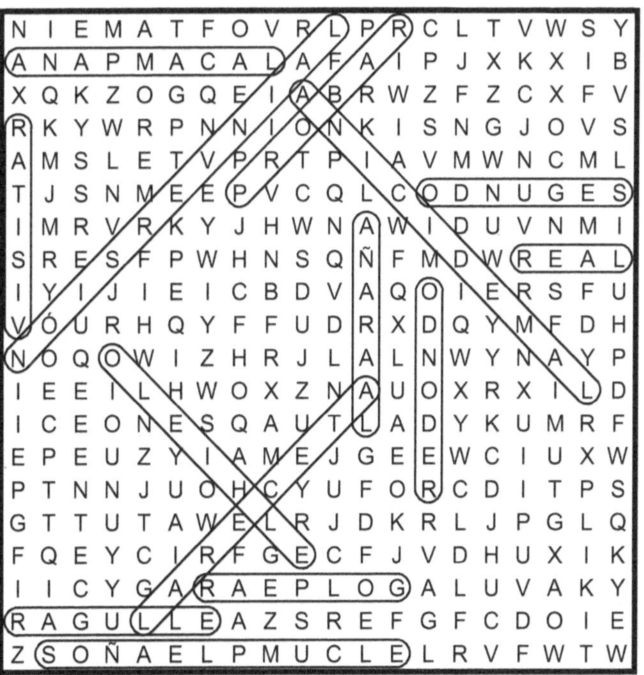

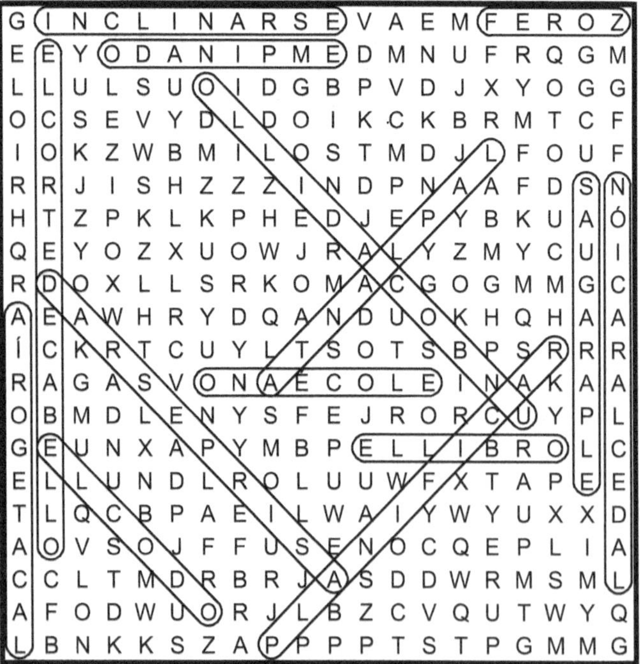

**13**

**14**

**15**

**16**

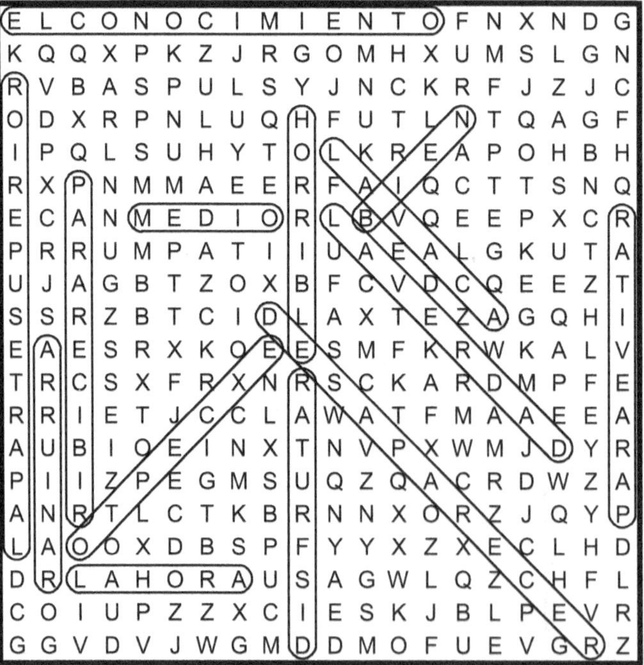

**17**

**18**

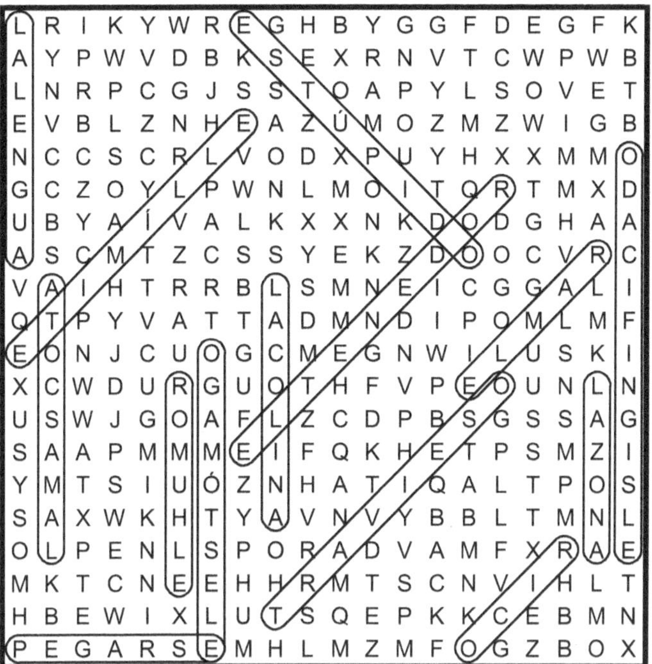

**19**

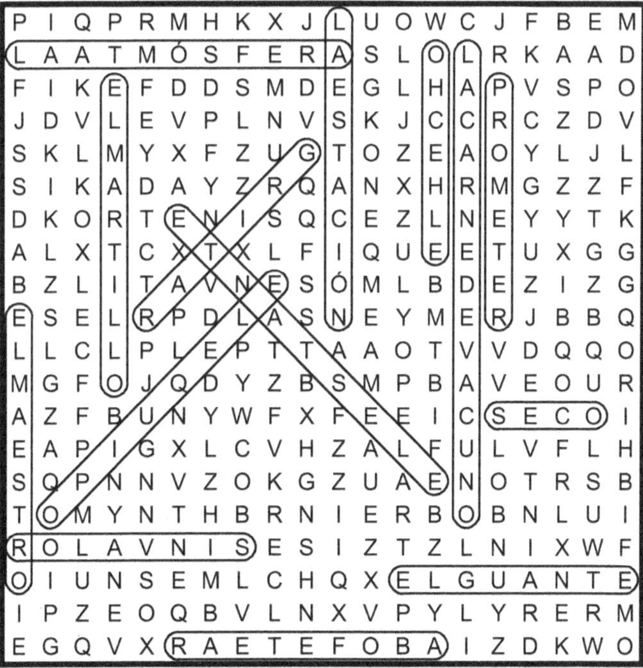

**20**

**21**

```
P M H F R I R B U C B B V I P B R A I D
V X E O M R X G Z L A S J W U U G Q P N
X P R Y F B E J L Z F S Q Q L E I M A L
P E K I T Y V D C X W R A Z U W M G C A
Q I N C Z S R K R W L X Y D R W J S F A
Q W G O Z H V M H E H B X R O V U U K M
I T A T O T X B G O P J Y F A G Q U V E
R B O D A E L P M E L E O É V A C Í O N
E B Q E S E W Z C I W R A R N N D O H A
T R U S F W B I B O W D C T Z U M S F Z
É O F A V V J V X Q U Y S I Q C C Z V A
U Y L X E R U M A V F S L L E Y E X U U
S T X U O S H Z P K P T X S V D D E P R
L U H K T N C T E V P J C U V K Z P X F
E J W D P K A U Z I P U L A I S L A U H
L A T S I R C L E W C E Y Z T J G Y E O
F R A V Z X D R P H S O B Y M S X H N D
I X J C A M U U A E L V E N E N O F I J
L A O Y Y I G R T M Y C S B X N Z E P Z
W F W P A M X M A W B A N Q Q W L P H E
```

**22**

```
X S O R P R E N D E R S T P X E X Q Z F
W Z A E N S H A F W K X Q A M S N H Q N
F W E S M O X P L X C Q H L B A U O N H
B E H X S A Z R N B K T H R U D R C C G
I I L L X Q E O A O J S E L E V A R W K
K O Z A H O H C G Z J F P G D M T Y Ó A
T R F D W E F D U T I T L U M A L Y M N
O E W E V G V M U A B R E W Z L O P M U
S J R F C Z J P F C J K O N E L R W L C
A U P I G W K P E P W E Z R Y P A L P G
J G I N R A G O R Y B T T Q R G C O X L
N A C I N J X D J Y U T O E N E P T W T
A L S C D E C Z J T A L O Z T G T P C H
R E R I P B X E F H A A M N G Z V A E Q
G B I Ó Y I J W I J P T Q A F V U O Y Y
A N O N R X B C A B F I R G Q G J W E J
L A S R K P I C N D M E F G I I T V X S
D P B P J E A U K W U R Y V F T C K W V
J R E D I L L E O F V R S A G E K U Q P
D E L G A D O K A E N A B T T C V K W V
```

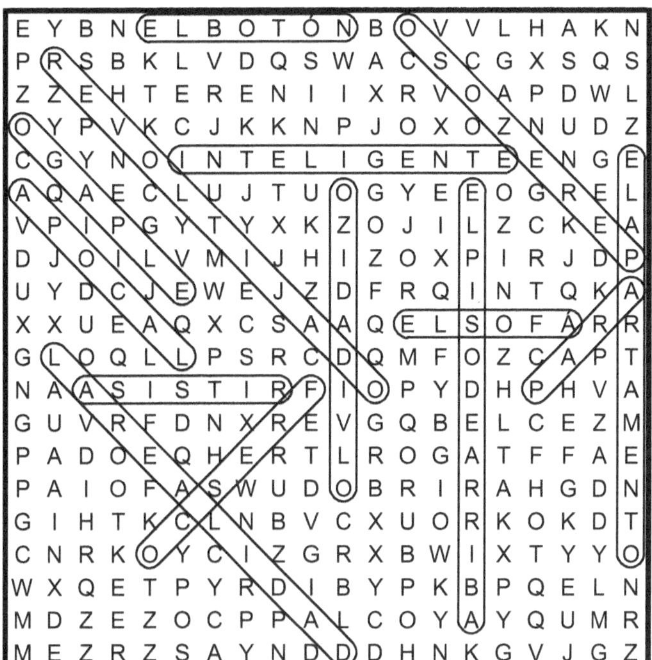

**23**

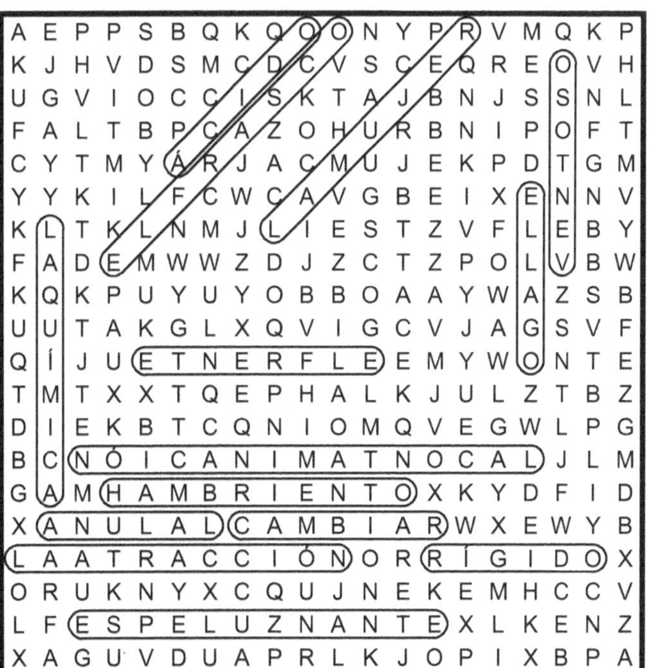

**24**

**25**

```
S Y B E B L Z W J H E I I N N X T V Q A
A L C A E C Q O H W D S L Q X N X S D P
Y F N N K X Q Y W O O X W X G O D O E R
B A J O Z N R O E B D F B B M S D D D M
Q Z H S F W A Q E R A C P D I K H A F G
Y Y N T G N C O V B L B J E W D O N P P
M B R Á Z B I P J B L L E E W F S E Y S
H X R L D Y T G A F A Y D B E U M D T G
F P R G C Z S S A R X R K N E E E R S X
O C H I T H A X B R A W H O K R V O L R
R E F C N H M U G T X R M V M T S S L R
J O D O M T K H A M D X E R H E D E Q A
K V B R M N D L F K R C F S E C O D W S
W T S U Y N G Z R E Q Q D Q C M D L I L
Q J P C S Q W A G Y Z L O S D A T O S W
G J Q W W T T Z K O X I I E V P T O C Y
J H Y A V N O Q V T L M F K K F R A K N
H E F W A H D A V P R Y W Z O C S U R B
S B E C I W L J P A R A I N C L U I R A
C S H N E Y N H D H Y A L X H U Q D H U
```

**26**

```
R L N A M H F K I K I L N D O E I H S R
Q R A L L I P E C P K S G B C J O A E A
P N A R J O G E B Z N P Q W Z T L V L C
G E A M E N T I R D R I Y T Q U Z O D E
E I O F M Q B Q W A V N B N D D S L O S
P K D P B P M I E N N P N A V B M W R I
D V U S B U E U O G E R K K V A R M P F
R P J W G L I J O T T L C Q J S I Y I M
A M A U Y A P F S I R B N T D A C K T M
Y S R G L L O I G C D A P J N R N W O J
N L O Y M Z Z O E U J G A V H R E O R I
T K C H O X X P S M A I V C F E I B I O
F J T A N R J D J Y F M Z B Q I C O O S
A A D I F E R E N T E A R P S T A D N P
S G F Y J O V F I L S I C Y F A L Z S S
U Q V T F R K C O E O C Y P T L L A Z E
S B W K K T R P Y E A C X Z Y A Q M D A
T B U M V J U G X R C E C R J C Q B K L
A Y B H P B X U C E Y Q Z E T E K Q H O
R J O V R R I T R E V D A A R A P R L K
```

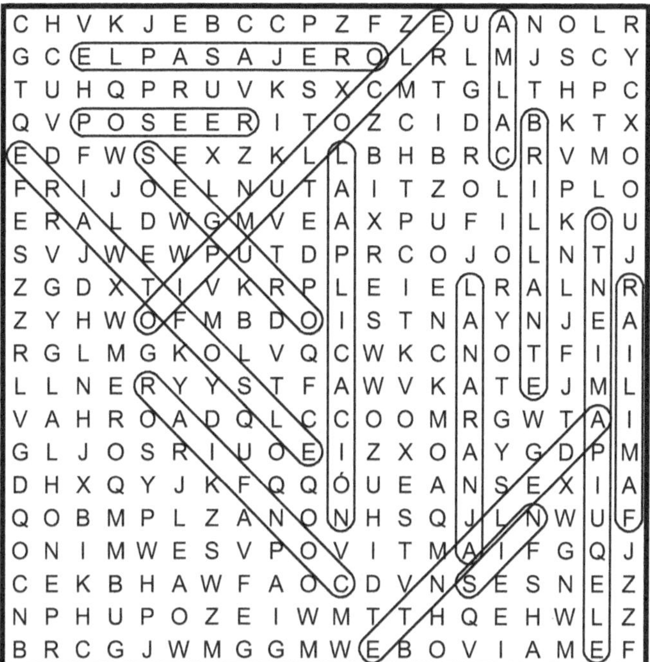

**27**

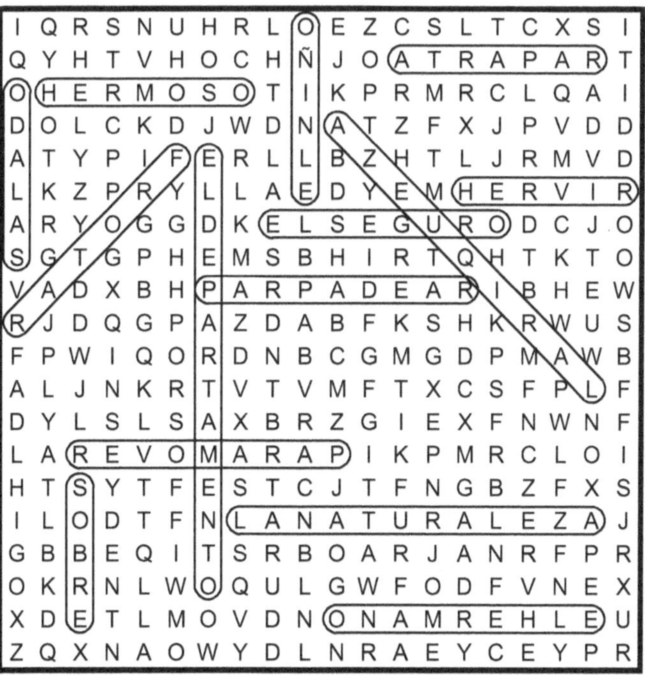

**28**

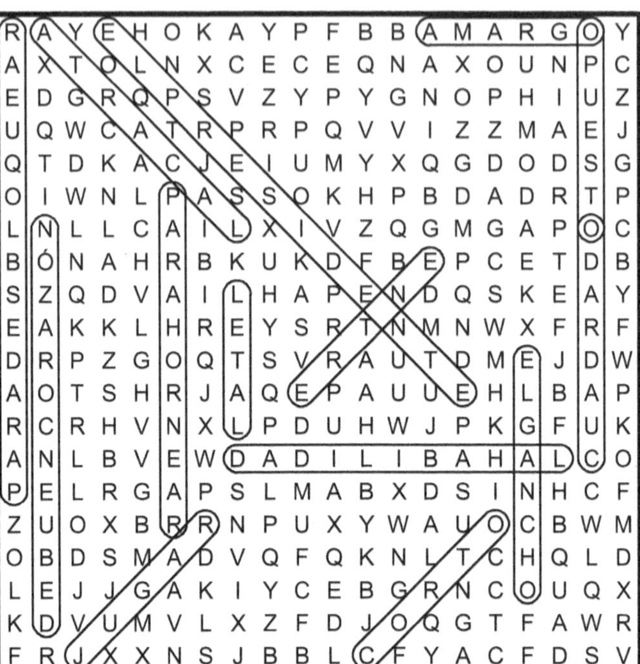

**29**

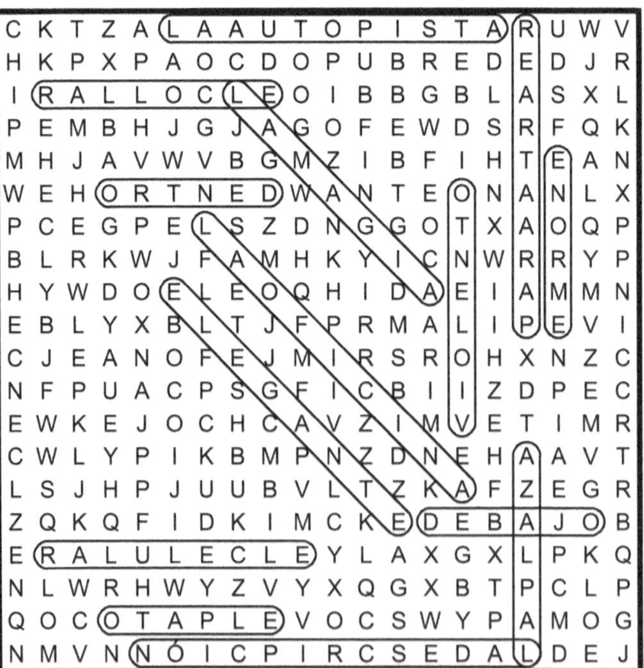

**30**

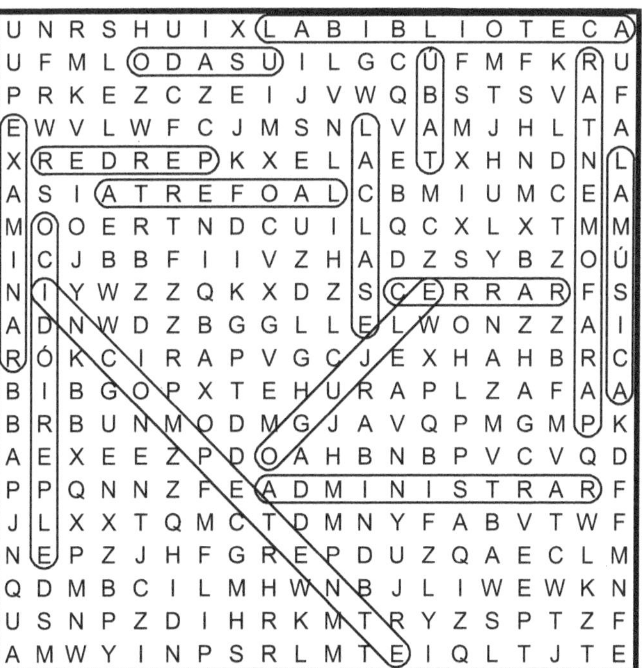

**31**

**32**

**33**

```
W U Y S P N A Y M S W M J R W Z W T K M
R T P F C O H Y H O E B P I L J R A U P
P G C V G X X Y Q R W A C D D E D Q T R
A V P A K N B X Q B Z A X B S K N R M A
X U M H H C S K S M Y M S O L O M E E E
R C E F G W U F X O I A T P Z Z J I J P
V H K K Y Y H P V H K R J J Q K R P O L
V V O A A L B A S E I I E J X E A X O G
T Q D I B Q I R L D Z L Q H I V T E A T
N U O E D Z W A L E Q L V Q F A I D A I
V T Y L O J Z P X S U O W V U I G O F I
R A G O H L E E R R O T O K K R I D R E
J Y F S F L A R U E D A V E Q T D E A X
B R O I K E L S K G R O L R U S W D C H
A H B S X F M E E O X C E B J U J L I S
R C X N X M H G R C N X Z K Q D E E F T
R T Y E R L E U H N P F H P B N W X I Q
Z B Q M W J S I P E L A C O M I D A R R
V X B H B D O R P E L L I Z C A R W E H
H N N Q E E J N G C C S G A N L L Q V X
```

**34**

```
Q J D E W E L N O V I O E R E D A P Z X
L H C L A C R E M A C W V F Q I A X N O
D U A G D L D G L H Q Q S N O B U S D Z
E B L D F A N J O D L U B M I G E I C T
E G E R H U C Y D X F E Q R E T T Z G
H U Y H A T O D A L F I R C B N O H Q I
M Y T F D I M L D C I A P V E T Q A M X
E V O U S R E D A A L J L S O Q A E L M
L A Q F E I S J I H P T L S C R J A D M
P N L Q S P T B L C A E E L U U U K P Z
E Z K E R S I K G E E U J J P I Y A O F
R C Q R E E B P K R V K L A D L D Z V
F F M X V D L N G E Y B P V D O Y Y V G
U T V Q E M E X Y D C U D B O S X T B O
M S U G R J Z U L A O V A K C O N G K G
E Z T U T N L E G L C M D U M Q T E Z F
R M Z L A G U E R R A Z P F O S E A E N
A L I H C O M A L A P W X S N C M K Y W
T K L V D Z I D C W K W U D D U E Q P C
V I V Q N Y M A I R A B U S C A R K U F
```

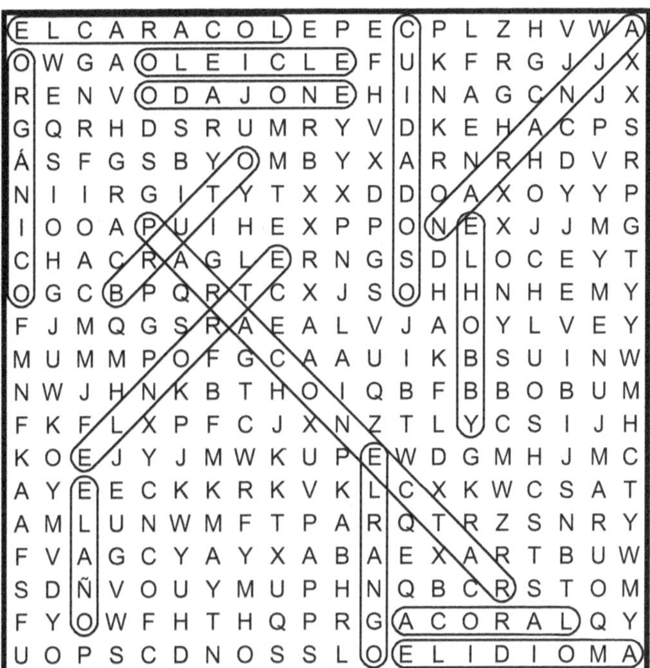

**35**

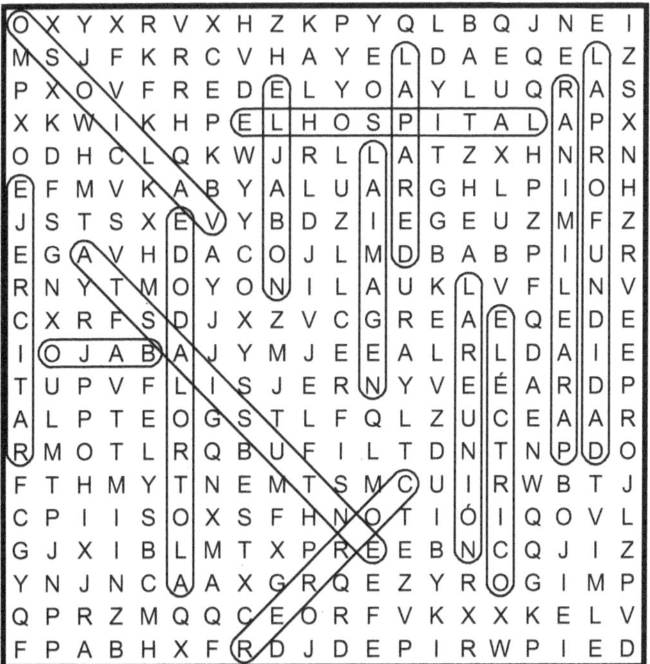

**36**

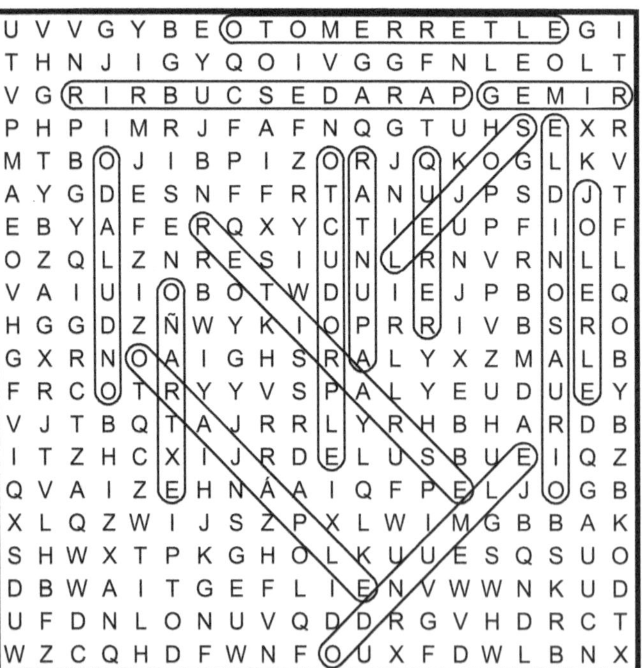

**37**

**38**

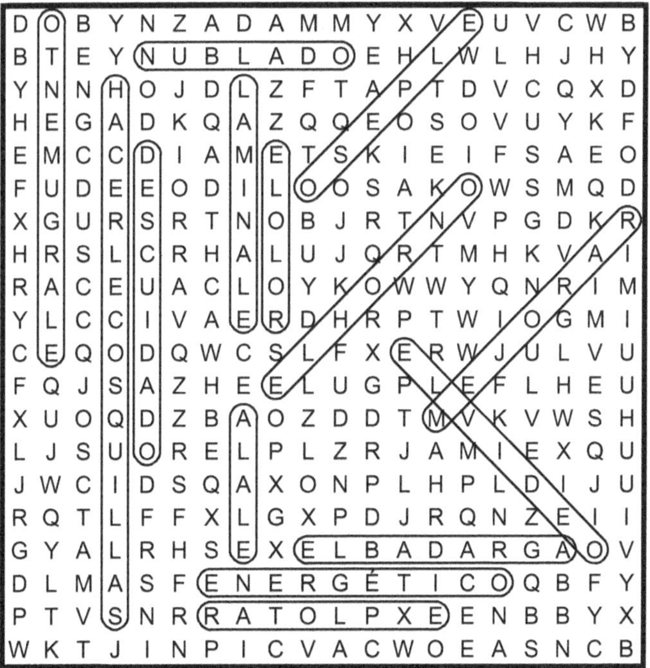

**39**

**40**

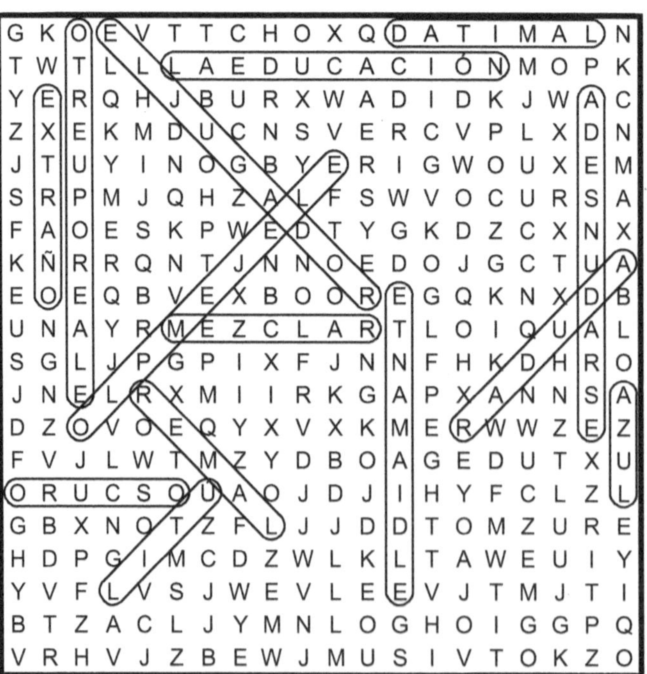

**41**

**42**

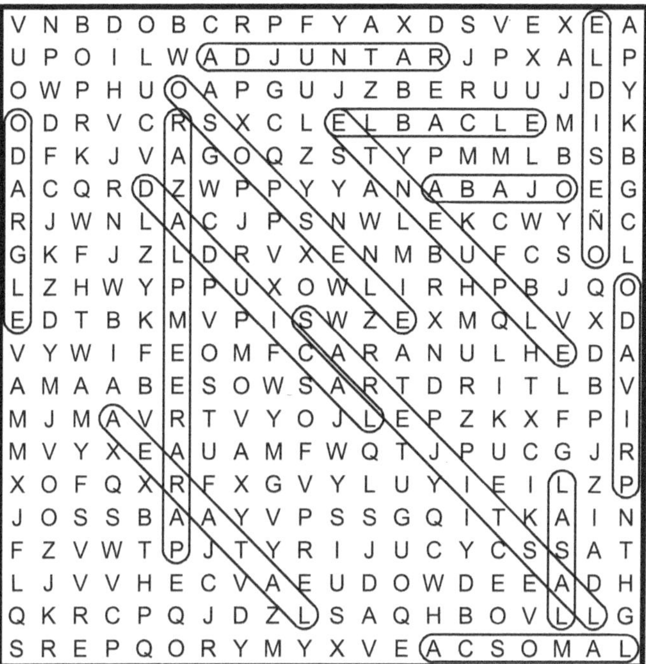

**43**

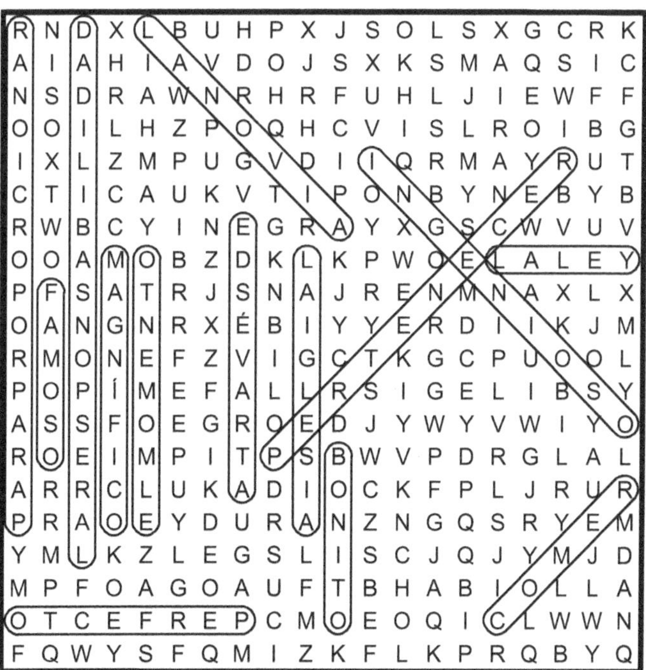

**44**

**45**

**46**

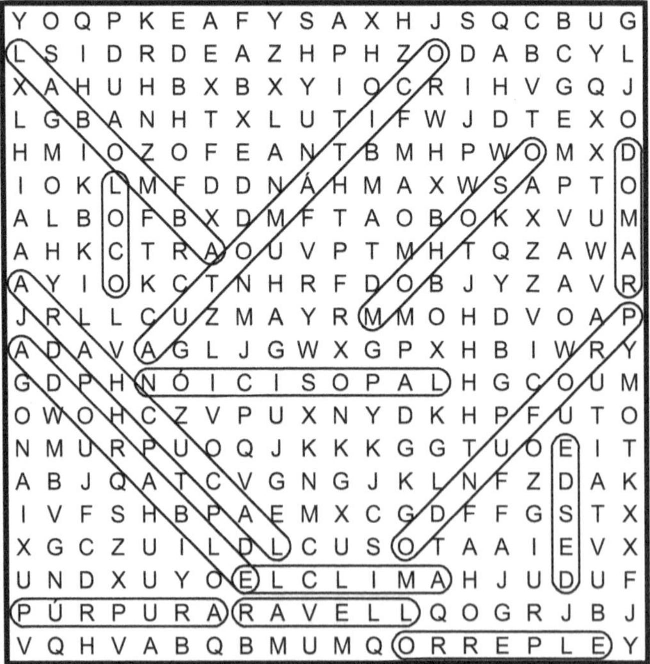

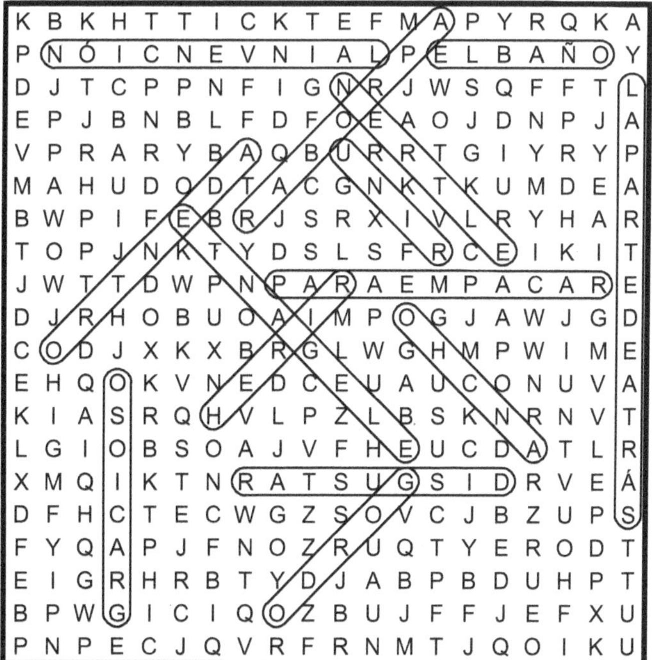

**49**

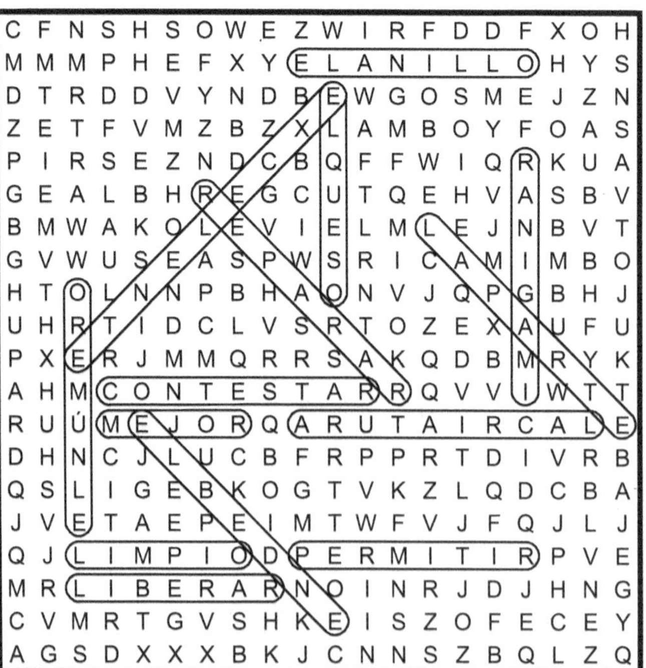

**50**

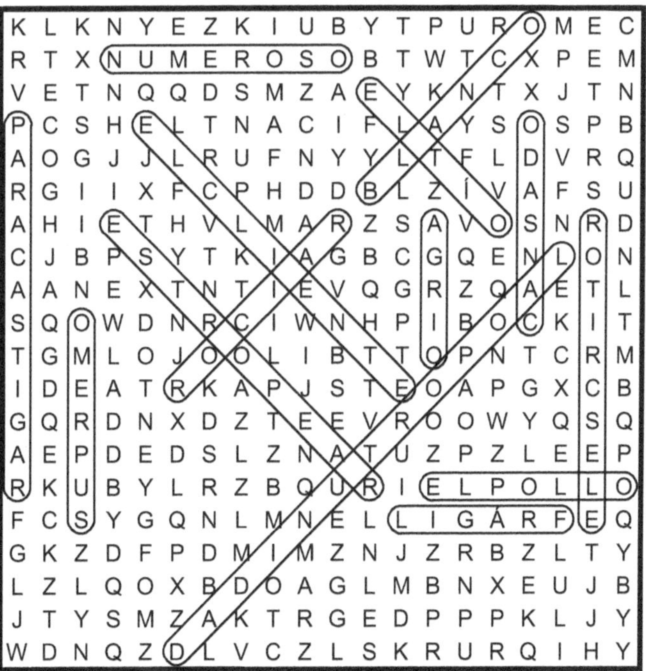

**53**

```
L K E P O D A C S E P L E F M Z Z Q O L
A I M P R E S I O N A N T E A N H S S A
N O C R I J Y P C N Q B R K U J B I Y T
P Q G R U Ñ Ó N C H W N G J V P I Y H E
Y O A V E U C A L J B L Z C L E O J T G
F E S H Y V A N V M B Y X Y H T I I E V
D H Y X K L P P H U T E S K Y N C J X E
T I M D P H M O P Y M D H B O E A B D L
T D Z C R J A H T I W S S M A M P A L E
W X Y Y A S R A U M W É C H P E S I A V
O E X D D R T W P I I V A Z C D E L I O
C L J R E A R U L M S A F L C R L I N G
I H E J P L E S A W L R F W K A E M S E
Z U O W F G C G I F D T B B D B O A I S
Q E N J B Z A V C K I A K W V O Z F G S
B V O E H E H U E L Q B Q V Z C Y A N M
P O M P U L H V P T A T A R A L K L I X
V V D L V M H A S J Q B H K M V J L A S
K D R Y A M X J E I I L E U Q Q V F M T
G X L H T W L Z S S V T I T R A E V T A
```

**54**

```
N O X T Q B J J M A N J X J Y K N O F T
I S X E L F U N E R A L M Y N U O I B H
V X G N Z T R E R H O P I S I W C R O M
X C V E G I A B A T H H D W N F R A Y C
J C Z A L A T R A D I C I Ó N I T T J P
I J K H I K E D C H U B Q D D O O E D P
C O M C N B U S S K M O C N C D B I I H
D C D R J L D Y R O L Q U S P E B P X Y
J U A B H S S T J M L F Z S D X Y O S Y
C T M Q M G I A F I A C C F J M E R O K
Y A U S Y R B H V R A K M M M P W P T U
C D H O L A O Y A O C C I E K X K L M A
D L E Ñ J U R P N S T C H H C W B E Q V
A T A A J N I L A S I T U A C I Ó N C Q
D L M M V G R F M O V U Q K K I G B D W
U M A M A P H K G P D I X U B L A M E S A
I G B T J U A E A E D F P U N O T Z M X
C Q L L L K F V D M A N N Q B O C I D Z
A I E E O A L E D Ú D V C W O U F R Í O
L Q Y Z S I M F O H U O D Z O G B A X D
```

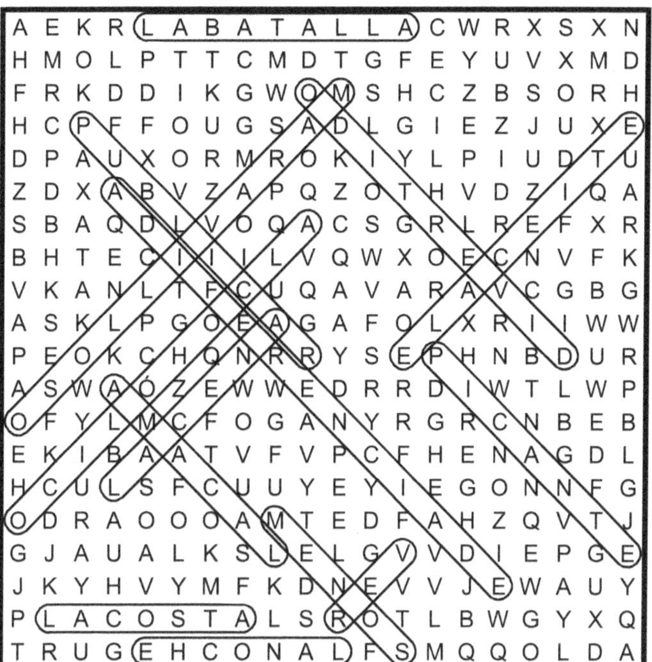

**55**

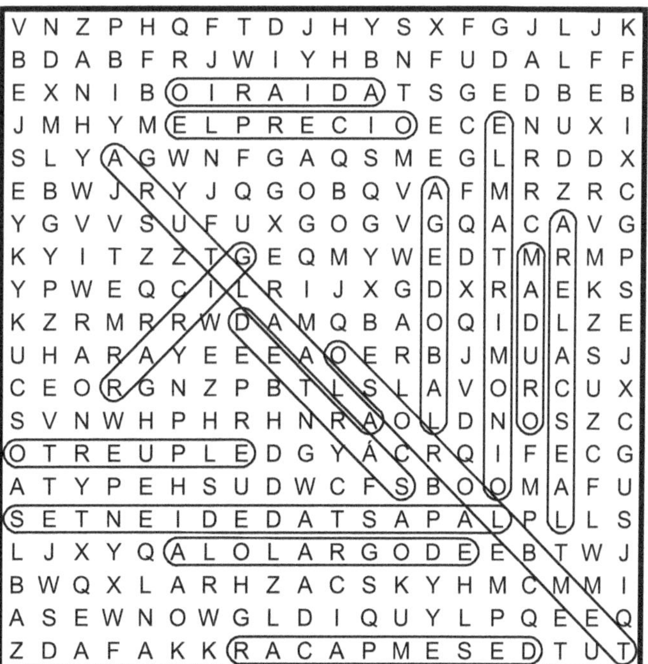

**56**

**57**

```
O P U R G L E J S H N U M U C F O T D E
R A T I R G N Q A P O R A L W D T E G I
L D L C U D X D N F Y Y G J J I R K O P
Z C O N C E N T R A R S E B K S A Z A Q
V V L O R W I X F O O B C J R P U D Q O
Y N B U K R U P I J D V B P I O C V C I
B J Z A P G F Y Y D P X N N X N L G N Z
Z X N P L J K C P L B D N H N I E Z Q W
H U B D T E R P U W V B V O D B V M H Q
A T S I V E R A L U U B O E N L M R F I
R L G I G V Y W O X H U S F R E M T E Q
V H I U N C R Q M N R A V A V P Q P X A
R D P B J L P N N N P X L M P H Z W P N
E L E B A O T K G R O L M R V Y K N P T
M F L S R D Y F O Z A K Y E J V H C T E
A O D F P L Z B V F A O C X U H C C C S
P V E R G G A X A R I D S R T Q V W K E
X H S V Z R E L T R I A N G U L O K G M
I M E L Y B I N A C L O V L E C J V I T
O K O L G O N R A N O I S E R P A R A P
```

**58**

```
N A D E Y E Z W E O H E U U D C J O B I
R X Y H T Y S D L H Q Z N D K X N N W Z
H R D K L Z I Q C K U R O S Q O Y I Y U
J X A V G T N G E Z S X T P W O H L R B
E M E G B E H P V D P N R A A G U L V
O M E R Y L O K I O I J E L R Q K C N P
F Q U B H C G X L J P F I O U Y M S A D
A V B G F O A B L V H N V E T Z Q A H C
R V A V X N R O O A G G L N L W L M B E
G R O G R D F G D F Z W E X A E D I N L
Í V E M K U A I E C Y J U D A V Z F A O
L R E S K C L M D G I D N J L E D A P X
O T G F P T G A I O T A G L E M P R P G
B X B Q N O V L E L A D I R E C C I Ó N
L G S Q Y R N E N E Y E J A V L A S C S
E T F I D S O D T J V Q Q S A C T U A R
H A V L C S O I E W J V T P W M N H V X
E U M S M W O Z S R L W H D E W Q N N Y
G K U Y Z S I U V Q B R Z U U D K N O C
X Z I S P A R Y N Ó I X E N O C A L R O
```

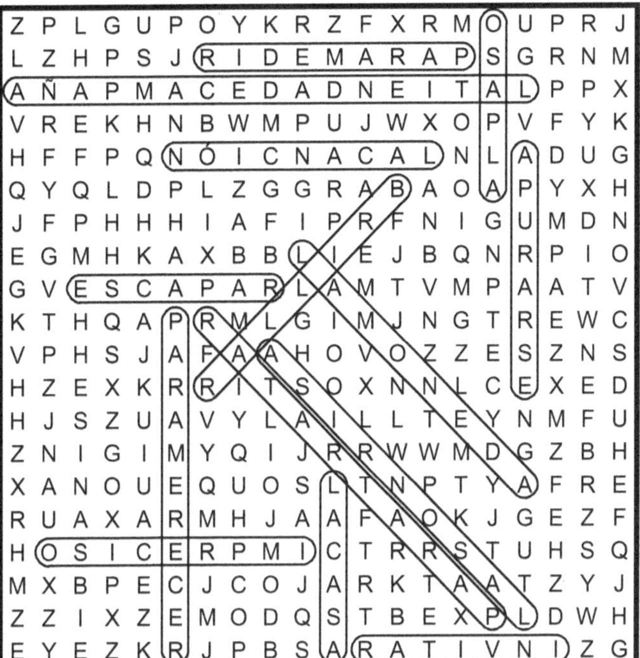



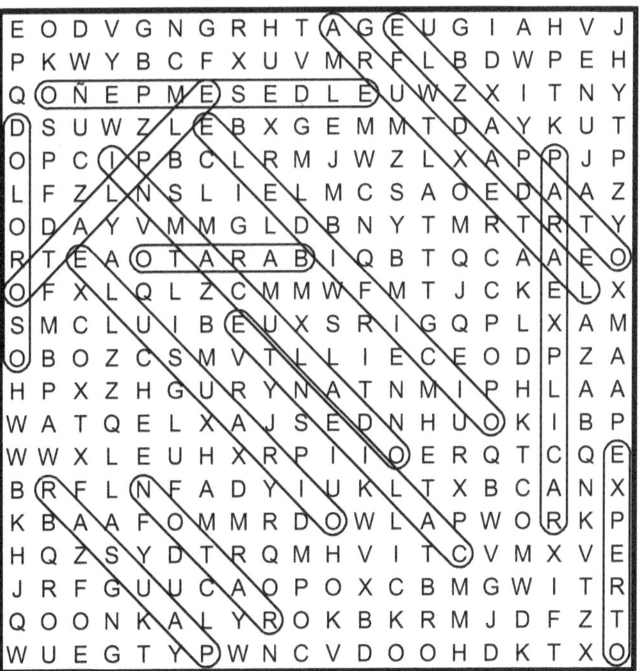

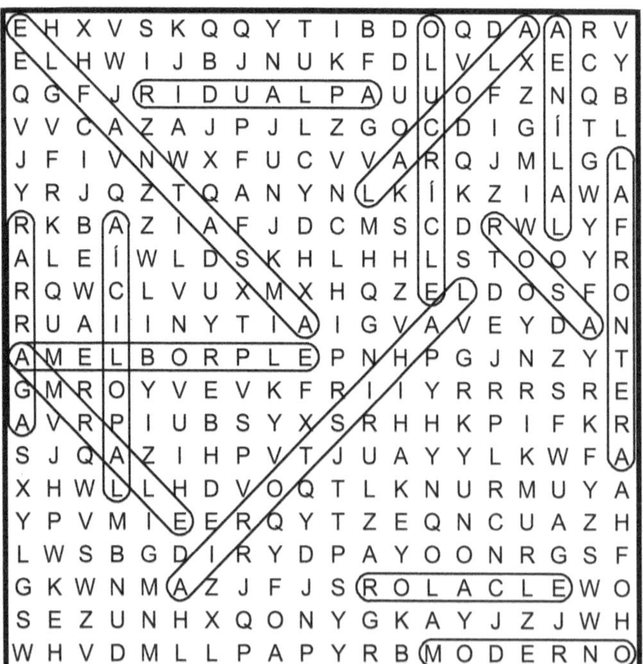

61

62

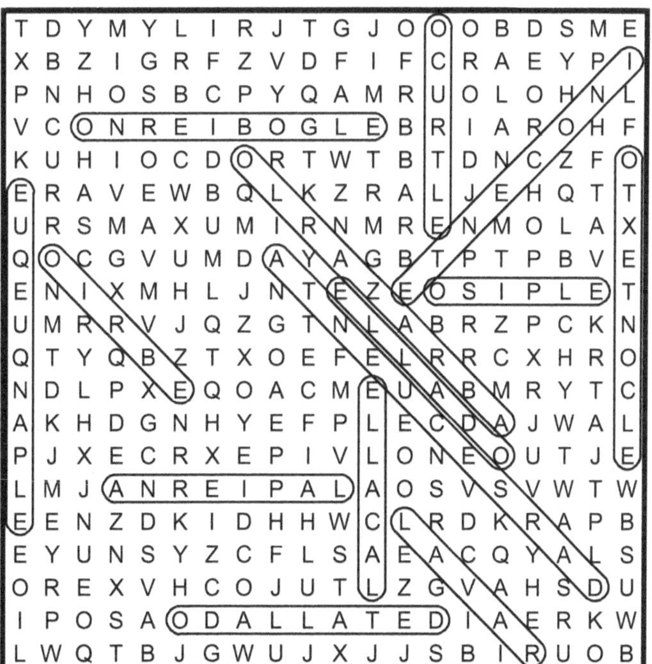

**63**

**64**

**65**

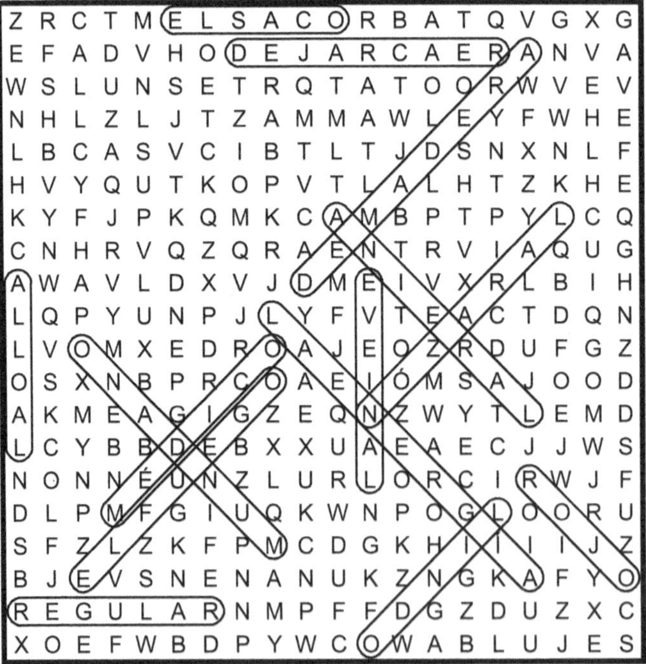

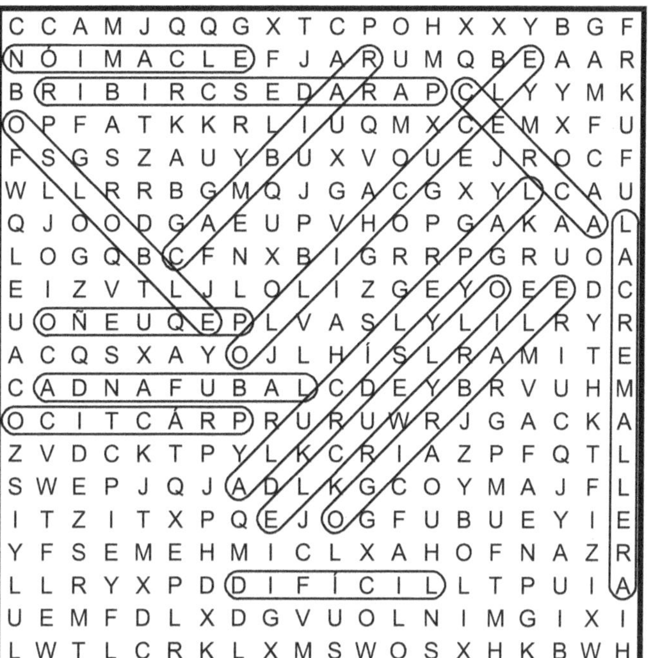

**67**

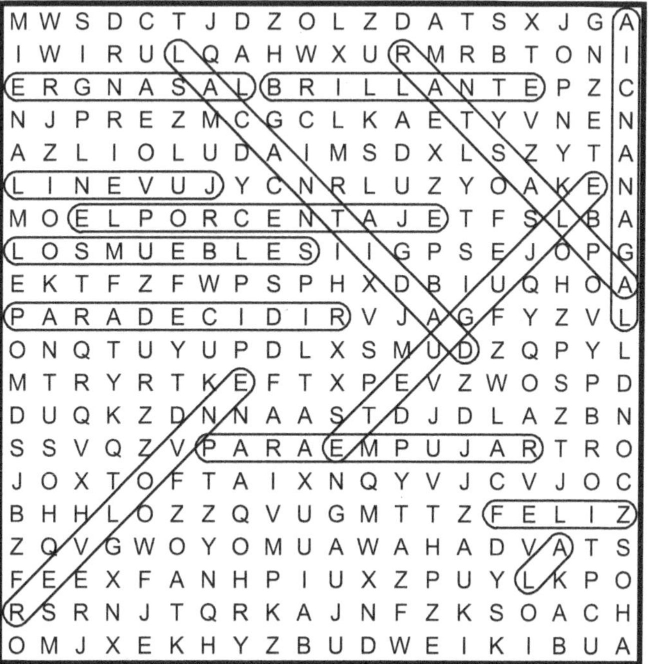

**68**

**69**

```
X C E C U S K C L A T E L E V I S I Ó N
R B E X P J P H I A I Y R F C Q Y P U U
G N N K W Q R W L Z V J A C J E O U X K
B C A A O Z R E E E Q G T H J V U X X S
V P Q K J B J O R O M D N N C P B B E R
Y X R O E Z G Z L F Z W E U G P U S L I
X D L K A D C I X F Z I V S A F T J I B
N I H R U V Q A K F U C N Q H A F V N I
X A D F W X L T C H B M I P W Q O S V H
B E W J V W B A C F H L I H Y E V I I O
N J F D R H H R P W C A X B F X N W T R
G D H C Q V T A K A I B K J P Ú Z L A P
D A C P T D U R B R V O K L T I H A D A
N D A W Q W I E L Y I T Q I W M L M O R
F I P Q U E D A R S E L K I A S U S A
M L N U Q W S R U L E L V L P W Y Ñ X P
Q A J O Ñ A R T X E H L N A X C A E E T
Y C C V L E G W W T J A J R R O N C A R
R A K U K G R B F G N A X P B T K A U X
Y L D B C X L Y N F I S Y T P X O P D F
```

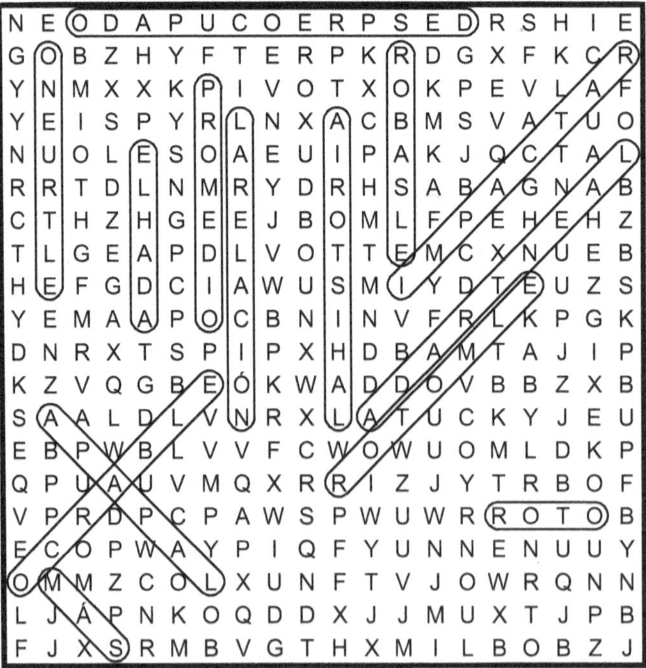

**70**

```
N E O D A P U C O E R P S E D R S H I E
G O B Z H Y F T E R P K R D G X F K C R
Y N M X X K P I V O T X O K P E V L A F
Y E I S P Y R L N X A C B M S V A T U O
N U O L E S O A E U I P A K J O C T A L
R R T D L N M R Y D R H S A B A G N A B
C T H Z H G E E J B O M L F P E H E H Z
T L G E A P D L V O T E M C X N U E B
H E F G D C I A W U S M I Y D T E U Z S
Y E M A A P O C B N I N V F R L K P G K
D N R X T S P I P X H D B A M T A J I P
K Z V Q G B E Ó K W A D D O V B B Z X B
S A A L D L V N R X L A T U C K Y J E U
E B P W B L V V F C W O W U O M L D K P
Q P U A U V M Q X R R I Z J Y T R B O F
V P R D P C P A W S P W U W R R O T O B
E C O P W A Y P I Q F Y U N N E N U U Y
O M M Z C O L X U N F T V J O W R Q N N
L J Á P N K O Q D D X J J M U X T J P B
F J X S R M B V G T H X M I L B O B Z J
```

# PLUS DE DIALOG ABROAD